# Wirkungsvolle Kommunikation

Ein Leitfaden für Gespräche,
Verhandlungen und Konflikte

Ein Trainingsbuch

Akademie der Politischen Bildung
Friedrich-Ebert-Stiftung

**Impressum:**

Herausgeber:

Friedrich-Ebert-Stiftung
Godesberger Allee 149
53170 Bonn

Akademie der Politischen Bildung
Projekt Management und Politik

Graphisches Konzept:
inrhein, Alfred Friese, Düsseldorf

Stand: Dezember 1999

ISBN 3-86077-876-5

## Vorwort

„Wirkungsvolle Kommunikation - Ein Leitfaden für Gespräche, Verhandlungen und Konflikte" ist der neunte Band in der Reihe der Trainingsbücher des Projekts Management und Politik. Mit ihm sind nun alle
zehn Themenfelder des Ausbildungsgangs Organisationsmanagement
durch didaktisch aufbereitete begleitende Selbstlernmaterialien abge-
deckt.

Wie die anderen Publikationen der Reihe will auch dieser Band Personen unterstützen, die an professionellem politischen Management- und
Führungswissen interessiert sind, um ihr gesellschaftspolitisches Engagement wirkungsvoller und erfolgreicher zu gestalten.

Daß politische Management-Qualifikationen sich durch das Studium
von Büchern alleine nicht einstellen, ist bekannt. Deshalb können und
sollen die Trainingsbücher die Teilnahme an Management- Trainings
nicht ersetzen. Sie möchten aber:

- Ihnen „Appetit" auf die Angebote des Projekts Management und
  Politik machen

- Ihnen dabei helfen, Ihre persönlichen Ziele während des Trainings
  wie bei der Vor- und Nachbereitung einfacher, schneller und syste-
  matischer zu erreichen

- Ihnen das Selbststudium - alleine oder mit anderen Engagierten -
  dann ermöglichen, wenn Sie sich zur Zeit (noch) nicht zur Teilnahme an einem Training entschließen können oder wollen

- Ihnen ein „Nachschlagewerk" an die Hand geben, das Ihnen dabei
  helfen soll, wenn Sie ihre kommunikativen Kompetenzen gezielt
  weiterentwickeln, Gespräche und Verhandlungen im gesellschaftspolitischen Raum professionell führen und auch Konflikte souverän
  bewältigen möchten.

Alles, was Sie für dieses Trainingsbuch brauchen, ist Interesse, Zeit,
Ruhe und ein Bleistift, von dem Sie ohne Zögern Gebrauch machen sollten.

*Prof. Dr. Thomas Meyer/Gisela von Mutius*

Akademie der Politischen Bildung
Projekt Management und Politik

# Inhaltsverzeichnis

Vorab...

## Grundlagen der Kommunikation

## Elemente partner- und zielorientierter Gesprächsführung

## Sachgerecht und fair verhandeln mit Harvard

## Umgang mit Konflikten

**Vorab ...**

Ist Ihnen schon einmal das Folgende passiert?

- In einer Verhandlung beharren die Beteiligten unnachgiebig auf ihren Positionen, und Sie überlegen, wie Sie die unproduktive Konfrontation vermeiden und das Gespräch wieder in Fluß bringen können.

- In Ihrem politischen Engagement fühlen Sie sich demotiviert, weil Sie überzeugt davon sind, daß Sie zu viel Energie in die Austragung nicht notwendiger Konflikte investieren.

- Bei einem wichtigen Gespräch merken Sie, daß Sie sich nicht richtig vorbereitet haben und sich über Ihre Gesprächsziele im unklaren sind.

Drei wichtige Gründe, sich das Phänomen der menschlichen Kommunikation einmal genauer anzusehen. Gerade gesellschaftspolitisch aktive Menschen brauchen praxisorientiertes Basiswissen über Kommunikationsprozesse und geeignete Instrumente, um Gespräche und Verhandlungen erfolgreich zu führen und mit Konflikten produktiv umgehen zu können.

Die bisher erschienenen Trainingsbücher hatten die Aufgabe, die Inhalte der 10 Module des Ausbildungsgangs Organisationsmanagement didaktisch aufbereitet als Begleit- und Selbstlernmaterialien verfügbar zu machen. Der neunte und letzte Band will die noch bestehenden Lücken auf den Feldern Gesprächsführung, Verhandlungsstrategien und Konfliktbewältigung schließen.

Alle drei Felder verbindet das Interesse, daß Kommunikation Wirkungen erzielen soll - eine sehr anspruchsvolle Forderung, denn an Kommunikationsprozessen sind immer mindestens zwei Personen beteiligt. Also bestimmen und steuern Sie die Wirkungen Ihrer Kommunikation nicht alleine. Sie können jedoch allerhand tun, um die Voraussetzungen für wirkungsvolle Kommunikation erheblich zu verbessern.

Um Ihnen die Nutzung des Buches als Nachschlagewerk zu erleichtern, habe ich Kommunikationsansätze und -techniken oder Verfahren, die bereits in anderen Trainingsbüchern ausführlicher behandelt wurden, im Telegrammstil mit aufgenommen.

Ganz unsystematisch habe ich mal die männliche, mal die weibliche Form benutzt, mal beide - weil ich überzeugt bin, daß wir beide Seiten in uns tragen. Bei der Lektüre wünsche ich Ihnen viel Spaß. Ich freue mich über jede - auch kritische - Reaktion.

Dr. S. Rosner

**Man kann nicht nicht kommunizieren**

Paul Watzlawick

# Grundlagen der Kommunikation

## Wirkungsvolle Kommunikation ist neuro-, psycho- und sozio-logisch

Wenn Kommunikation in Gesprächen, Verhandlungen und Konflikten wirkungsvoll sein soll, muß sie den Anforderungen der Neuro-, Psycho- und Sozio-Logik genügen.

### Wirkungsvolle Kommunikation ist

| | | |
|---|---|---|
| **Neuro–Logik** | -> | Gehirn–gerecht |
| **Psycho–Logik** | -> | Persönlichkeits –gerecht |
| | -> | Wahrnehmungs –gerecht |
| | -> | Beziehungs –gerecht |
| **Sozio–Logik** | -> | Zielgruppen –gerecht |
| | -> | Problem –gerecht |
| | -> | Situations –gerecht |

## Wirkungsvolle Kommunikation ist neuro-logisch

„Neuro-logisch" ist Ihre Kommunikation dann, wenn Sie die Erkenntnisse der Gehirnforschung auch in alltäglichen Kommunikationssituationen berücksichtigen. Dies ist relativ einfach, denn wie wir wissen, verhält sich das menschliche Großhirn beim Abspeichern von Informationen arbeitsteilig. In grober Vereinfachung kann man sagen:

Die rechte Gehirnhälfte (rechte Hemisphäre) arbeitet analog; dort werden vor allem Phantasien, Sinneseindrücke, Kreativität und Gefühle erzeugt und erarbeitet.

Die linke Gehirnhälfte (linke Hemisphäre) dagegen arbeitet digital. Sie ist verantwortlich für abstrakte Zahlen, Fakten, Vokabeln, Formeln und Namen. Allerdings ist sie im Gegensatz zur rechten - meist unterbeschäftigten - Hemisphäre ständig überlastet.

Die Arbeit muß also gleichmäßiger verteilt werden, d.h. Informationen und Argumente müssen viel öfter analog-bildhafter, die Phantasie und Gefühlsreaktionen fördernd, aufbereitet werden. Die Arbeitsqualität in der rechten Hemisphäre ist auch dauerhafter; was dort im Langzeitgedächtnis abgelegt wird, bleibt wesentlich länger erhalten. An ein im Vortrag gehörtes plastisches, die eigene Phantasie anregendes Beispiel können Sie sich deshalb in der Regel länger erinnern als an eine abstrakte linkshemisphärisch verarbeitete Argumentation. Diese Erkenntnisse aus der Gehirnforschung sind Ihnen mit dem Leitsatz „Ein Bild sagt mehr als tausend Worte" möglicherweise bereits in Veranstaltungen und Übungen zu Präsentations-, Kreativitäts- und Moderationstechniken begegnet.

**Wirkungsvolle Kommunikation ist psycho-logisch**

Wirkungsvolle Kommunikation muß zweitens den Kriterien der „Psycho-Logik" genügen: sie muß persönlichkeits-, wahrnehmungs- und beziehungsgerecht sein.

„Persönlichkeitsgerechte" Kommunikation erhöht ihre Erfolgschancen, indem sie unterschiedliche Persönlichkeitstypen z. B. in der Gesprächs- und Verhandlungsführung berücksichtigt. Sie ist damit ein Aspekt einer partnerorientierten Vorgehensweise. Es macht ja einen Unterschied, ob ich etwa einen Choleriker oder eine Phlegmatikerin als Gesprächspartner/-in vor mir habe. Die Psychologie hält die unterschiedlichsten Persönlichkeitstypologien bereit, (siehe dazu auch das Trainingsbuch „Teams und Typen", 1998) professionelle Kommunikatoren/-innen, aber auch die talentierten „Alltags- Kommunikateure" bilden aus ihrer Lebenserfahrung heraus meist eigene Typologien.

Unterschiede in den Persönlichkeiten und Charakteren der Gesprächspartner/-innen beim eigenen Kommunikationsverhalten zu beachten, heißt jedoch nicht, diese in „Schubladen" zu stecken! „Psycho-logisch" kommunizieren Sie dann, wenn Sie in der Gesprächssituation flexibel Ihre Vermutungen über die Persönlichkeitsprägungen und Vorlieben der Partnerin mit dem Eindruck des tatsächlichen Gesprächsverlaufs abgleichen und damit die eigene Wahrnehmung kritisch überprüfen und hinterfragen.

Zur persönlichkeitsgerechten Kommunikation gehört auch die Unterscheidung zwischen dem sogenannten auditiven, dem visuellen und dem kinästhetischen „Wahrnehmungs-Typus". (S. 53) So wird in Vortrag und Präsentation eine „hörergerechte" Darbietung gefordert, also eine Darstellung des Themas, die sich z. B. an den Interessen, den Vorkenntnissen, den Lern- und Wahrnehmungsgewohnheiten der Zuhörenden orientiert.

„Beziehungsgerechte" Kommunikation schließlich meint vor allem die wichtige Unterscheidung zwischen Inhalts- und Beziehungsebene einerseits, die Unterscheidung zwischen den sog. „vier Seiten einer Nachricht" nach Schulz von Thun andererseits (vgl. dazu das Trainingsbuch „Mit Argumenten überzeugen", S. 42ff).

## Wirkungsvolle Kommunikation ist sozio-logisch

„Zielgruppengerechte" Kommunikation, die Sie aus Werbung, Marketing und Öffentlichkeitsarbeit kennen, ist auch für erfolgreiche Alltags- und politische Kommunikation eine wichtige Orientierungsgröße. Wenn Sie in Vorträgen die Interessen des Publikums nicht treffen, wenn Sie sich in Verhandlungen auf Werte beziehen, die für Ihre Verhandlungspartner/-innen nicht nachvollziehbar und grundsätzlich akzeptanzfähig sind oder wenn Sie in Auseinandersetzungen die in bestimmten sozialen Gruppierungen und Schichten anerkannten Konflikthandhabungsmuster mißachten, z. B. laut und heftig werden statt „cool" zu bleiben, dann mindern Sie Ihre Erfolgschancen erheblich.

Wenn Sie „problemgerecht" kommunizieren wollen, dann sollten Sie die historischen oder gesellschaftspolitischen Aspekte eines Themas angemessen einbeziehen. Über das Thema „Sterbehilfe" oder „Kriegsverbrechen" wird in Holland anders diskutiert als in Deutschland. Soziologische und politische Rahmenbedingungen gehen in die Art der Kommunikation mit ein. Dies gilt im Großen wie im Kleinen. Selbst die Diskussion über die Frage, wer den Kaffee kocht, sollte problemgerecht sein und wird dann zur mißlingenden Kommunikation, wenn Fragen der Weltanschauung damit befördert werden.

„Situationsgerechte" Kommunikation heißt schließlich, situative Einflüsse auf die Kommunikation angemessen zu berücksichtigen, z. B. die momentane Stimmung der Gesprächspartnerin oder des Publikums. Stellen Sie sich vor, Sie haben sich vorgenommen, in Ihrem jährlichen Rechenschaftsbericht auf der Hauptversammlung des Vereins den „Ernst der Lage" offen anzusprechen; es steht schlecht um die Vereinsfinanzen, weil die Zahlungsmoral der Mitglieder miserabel ist. Sie haben sich gründlich auf Ihren Vortrag vorbereitet. Aber die Ehrung der Jubilare hat sich lange hingezogen; zum Zeitpunkt Ihrer Rede sind die Anwesenden schon in „angeheiterter" Stimmung. Sie gehen mit Ihrer Rede im allgemeinen Gelächter regelrecht „baden".

**Inhalts- und Beziehungsebene**

Mit dem sogenannten „Eisberg-Modell" können Sie sich das Problem von Inhalts- und Beziehungsebene in der Kommunikation gut veranschaulichen:

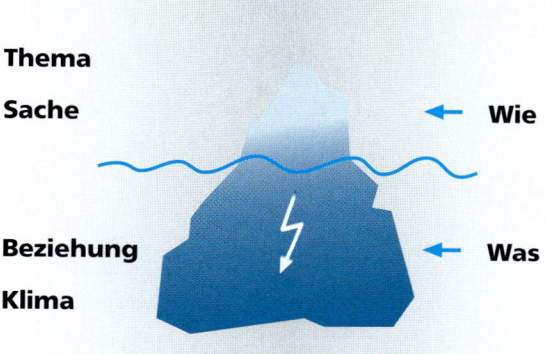

**Eisberg-Modell der Kommunikation**

Thema
Sache                    ← Wie

Beziehung                ← Was
Klima

Der sichtbare kleinere Teil des Eisberges ist das „Was", also die inhaltliche Ebene des verhandelten Themas oder der Sache. Der größere Teil dagegen, das „Wie" der Kommunikation, das Gesprächsklima oder die Beziehung zwischen den Kommunikationspartnern bleibt unsichtbar unterhalb der Wasseroberfläche verborgen. Und so wie beim Eisberg der größere unsichtbare Teil unterhalb der Wasseroberfläche die Lage der sichtbaren Eisbergspitze bestimmt, so entscheiden oft die unsichtbar-unbewußten Elemente über Art und Qualität der Kommunikation als Ganzer. So können Störungen auf der Beziehungsebene Erfolge in der Kommunikation verhindern. Wenn z. B. die Mitglieder einer Organisation sich durch den Vorstand oder die Geschäftsführung nicht akzeptiert fühlen, kann dieser das beste Veränderungskonzept nicht durchsetzen, weil es an Akzeptanz- und Motivationsproblemen „an der Basis" scheitert.

Eine Faustregel besagt, daß bis zu 80% aller Entscheidungen auf der Beziehungsebene und nicht auf der Sachebene fallen. Dies mag Ihnen vielleicht übertrieben erscheinen. Wenn Sie jedoch sensibel für die Beziehungsebene sind, ohne die inhaltliche Ebene zu vernachlässigen, z. B. wenn Sie die Körpersprache Ihrer Gesprächspartner/-innen verstehen, dann wird auch der inhaltliche Erfolg wahrscheinlicher.

Zunächst einige Beispiele zur Unterscheidbarkeit und zum Wechselspiel von Inhalts- und Beziehungsebene:

| Sachebene (Inhalt) | Soziale Ebene (Beziehung) |
|---|---|
| • Das ist passiert. | • Wer hat Angst, als „Schuldiger" erkannt zu werden? |
| • Diese Schäden sind entstanden. | • Wer hat (kein) Interesse an einer Problemlösung? |
| • Diese Ziele sind gefährdet. | • Wer mag wen (nicht)? |
| • Wie war es bisher? | • Wer verfolgt eigene Ziele? |
| • Was brauchen wir zur Lösung? | • Wer spielt welche Rolle? |
| • Sind die Informationen „sauber"? | • Wer soll wozu „benutzt" werden? |
| • Welche Auswirkungen sind zu erwarten? | • Wer hat welche Macht? |
| • Wer ist betroffen? | • Welche menschlichen Auswirkungen hat das Problem oder die Lösung? |
| • Was wäre ideal? | • Wie wird bisher mit Konflikten umgegangen? |
| • etc. | • etc. |

Im folgenden wird die Differenzierung zwischen Sachebene (Inhalt) und sozialer Ebene (Beziehung) am Beispiel eines alltäglichen Problemlösungsprozesses illustriert:

## Sachebene und soziale Ebene

| Sachlogische Problemlösungsebene | Psychologische Problemlösungsebene |
|---|---|
| (Schrittfolge bei der logischen Problembearbeitung) | (Psychologische Faktoren, die den Ablauf des Problemlösungsprozesses beeinflussen) |

| Sachlogische Problemlösungsebene | | Psychologische Problemlösungsebene |
|---|---|---|
| Wahrnehmung des Problems | ◄► | Selbstwahrnehmung und Fremdwahrnehmung |
| Definition des Problems | ◄► | Problem akzeptieren, statt es zu verdrängen |
| Analyse des Problems | ◄► | Konfrontationsbereitschaft mit den Tatsachen, auch wenn diese unbequem |
| Suche der Ursachen | ◄► | Bereitschaft zur Überprüfung von Normen, Tabus, Vorurteilen |
| Entscheidung, etwas zu tun (oder nicht zu tun) | ◄► | Umgang mit Macht, Status, Interessen (eigenen und fremden) |
| Formulierung der Ziele (was soll erreicht werden ?) | ◄► | Vorerfahrungen aus früheren Situationen |
| Alternativen entwickeln | ◄► | Umgang mit Sympathie und Antipathie |
| Alternativen prüfen, welche am Besten den Zielen gerecht werden | ◄► | Beziehungen und Bereitschaft zur Kooperation |
| Entscheidung | ◄► | Risikobereitschaft (Angst, Mut) |
| Planung der Ausführung | ◄► | Vertrauen in sich und andere Wertevorstellungen |
| Ausführen des Plans | ◄► | Muster und Prägungen |
| Auswertung der Ergebnisse (Erfolgskontrolle) | | |

Während auf der sachlogischen Problemlösungsebene die Schrittfolge der Problembearbeitung einer vergleichsweise schlichten, aber plausibel und praktizierbar erscheinenden Systematik folgt, spielen auf der psychologisch-sozialen Problemlösungsebene Unterschiede zwischen Selbstbild- und Fremdbild bei der Problemwahrnehmung und -definition ebenso eine Rolle wie psychologische Mechanismen der „Verdrängung" oder „Projektion", sozialpsychologische Fragen der Vorurteilsbildung oder Tabuisierung, soziologische Aspekte der Normbildung und (organisations-)kulturellen Prägung, politische Aspekte des Umgangs mit Macht, Interessenunterschieden und Minderheitenmeinungen usw.

**Grundgedanken verschiedener Ansätze**

Wenn Sie die Grundlagen und Funktionsweisen wirkungsvoller Kommunikation kennen und für Ihre gesellschaftspolitische Praxis nutzen wollen, kommen Sie an den Denkansätzen der Transaktionsanalyse, den „Vier Seiten einer Nachricht" nach Schulz von Thun, bereits vorgestellt im Trainingsbuch „Mit Argumenten überzeugen" (S.42ff), der Themenzentrierten Interaktion und dem Neuro-Linguistischen Programmieren nicht vorbei.

## Transaktionsanalyse (TA)

Mit der von Eric Berne und Thomas A. Harris in den sechziger Jahren begründeten Transaktionsanalyse (TA) gab es zum ersten Mal in der Geschichte der Psychotherapie eine Methode, die für fast jedermann verständlich war. Sie basierte auf den Freud'schen Ideen, verwandte jedoch ein weitaus einfacheres Vokabular.

Die TA unterscheidet zwischen der Strukturanalyse, der (eigentlichen) Transaktionsanalyse sowie Skripten und Spielen.

Die Strukturanalyse teilt die menschliche Persönlichkeit in drei verschiedene Segmente.

- Im Eltern-Ich (EL) befinden sich alle von den Eltern erlernten Werte, Normen, Gebote und Verbote. Dazu gehören Ermutigungen und Schutz genauso wie Ermahnungen und Drohungen.

- Im Erwachsenen-Ich, (ER) findet sich das prüfende, überlegte Denken. Handelt ein Mensch aus dem Erwachsenen-Ich heraus, ergibt sich ein angemessenes, unproblematisches Verhalten.

- Aus dem Kindheits-Ich (KD) heraus handeln Menschen spontan und impulsiv. Hier verbergen sich alle Erfahrungen und Verhaltensweisen aus der Kindheit.

Die TA nimmt an, daß Menschen bei der Interaktion mit anderen in allen diesen drei Bereichen aktiv sein können.

Die Transaktionsanalyse untersucht, wie diese verschiedenen Ich-Zustände das zwischenmenschliche Miteinander beeinflussen. Ihre These: es kommt immer dann zu Konflikten, wenn Menschen nicht auf der selben Ebene miteinander kommunizieren. Dazu ein Beispiel:

Ein Vereinsvorsitzender sagt zu einem Mitglied:

*„Das ist jetzt meine allerletzte Warnung! Wenn Du das noch mal machst, fliegst Du raus"*

Transaktionsanalytisch betrachtet sendet der Vorsitzende eine aggressive „Elternbotschaft" an das abhängige „Kind"(EL-KD). Die möglichen Reaktionen des Mitglieds:

*„Sie haben kein Recht, so mit mir zu reden; ich werde mich beschweren"* (EL-ER)

*,, Es ärgert mich, wenn Sie so mit mir reden. Können wir uns mal unter vier Augen in Ruhe unterhalten?"* (ER-ER)

(Halblaut): *,,Ach, Du kannst mich mal, Du alter Nörgler. Nichts kann man ihm recht machen!"* (KD-EL).

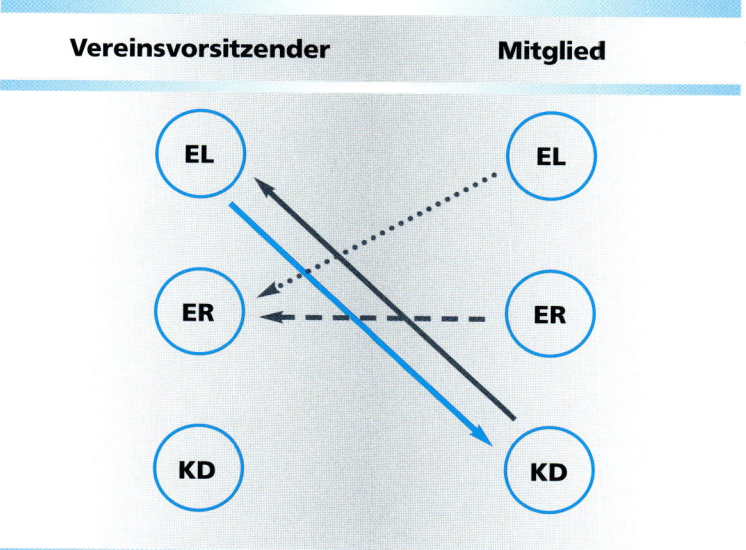

**Vereinsvorsitzender**   **Mitglied**

Skripte und Spiele: Die TA nimmt an, daß das Drehbuch des Lebens in einem sogenannten Skript in einer Person fest verankert ist. Das Skript wird in der Kindheit geschrieben und täglich weiterentwickelt. Es stellt die psychologische Kraft dar, mit der Menschen ihr Leben bewältigen. Aufgrund dieses Selbstkonzeptes spielen Menschen miteinander „Spiele". Dabei kann – wie im Theater – jeder eine andere Rolle einnehmen.

Die TA hat in verschiedenen Konflikten die Rollen Opfer, Retter und Verfolger beobachten können. Opfer lassen sich gerne von anderen helfen, auch wenn sie die Dinge selbst erledigen könnten. Retter kommen besonders gerne den Opfern zu Hilfe. Verfolger spielen gerne den Überlegenen. Während eines „Spiels" können diese drei Rollen sehr schnell wechseln.

Hier das Kommunikationsmuster eines typischen „Dramadreiecks":

Mutter, Vater und l5jähriger Sohn sitzen zu Tisch. Der Sohn kleckert.

▶ Vater zum Sohn: *„Wenn du dich nicht ordentlich benehmen kannst, dann iß gefälligst in der Küche weiter."*

Der Sohn senkt betroffen den Blick.

▶ Mutter zum Vater (heftig): *„Das mußt ausgerechnet du sagen, nach deiner Kleckerorgie vom letzten Samstag ... Also hacke nicht ständig auf dem Jungen herum!"*

Vater räuspert sich peinlich berührt und schweigt.

▶ Sohn zur Mutter: *„Aber Vater hat es doch gar nicht so gemeint."*

▶ Mutter zum Sohn: (später in der Küche): *„Na, dir werde ich nicht noch einmal helfen gegen Vater, so wie du mir jedesmal in den Rücken fällst."*

Die Abfolge der drei Rollen:

Der Vater verfolgt den Sohn ➡ Der Sohn geht in die Opferrolle ➡ Die Mutter rettet den Sohn, indem sie den Vater ihrerseits verfolgt. ➡ Der Vater fühlt sich als Opfer ➡ Der Sohn rettet den Vater. ➡ Die Mutter verfolgt den Sohn.

Solche Gesprächsverläufe können Sie überall beobachten, wo Menschen zusammenkommen, im Familien- und Freundeskreis, am Arbeitsplatz, im Verein. Auch Sie selbst können im Laufe eines einzigen Tages alle diese Rollen einnehmen:

Nachdem Sie sich den Tag über im Büro, in der Schule oder in der Beratungsstelle mit den Problemen anderer abgemüht, für sie gedacht und Verantwortung übernommen haben (Retter), schimpfen Sie nach Feierabend im Bekanntenkreis über die Unselbständigkeit der Menschen im allgemeinen und Ihrer „Klientel" im besonderen (Verfolger), um schließlich abends todmüde ins Bett zu fallen und darüber zu sinnieren, wie sehr Sie doch von allen ausgenutzt werden. (Opfer).

Da diese „psychologischen Spiele" überwiegend unbewußt ablaufen und oft schon zum Verhaltensgrundmuster geworden sind, ist das Aufdecken von Spielen der erste Schritt. Sobald Sie erkennen, daß Sie in ein Retter-Verfolger-Opfer-Spiel hineingezogen werden, brechen Sie das Spiel ab. Wenn Sie sich nicht mehr auf derartige Spiele einlassen, sind Sie für Ihre Mitspieler/-innen nicht mehr interessant und gewinnen damit Zeit für andere, lohnendere Kontakte.

## Übung

## „Opfer-Retter-Verfolger"-Situationen

Denken Sie an drei ganz unterschiedliche Situationen aus ihrem Leben, wo Sie eine der drei Rollen einnehmen. Notieren Sie sich die Art und Weise, wie Sie fühlen und handeln, um die Rolle oder die Spielsituation aufrechtzuerhalten.

Rolle, in der ich bin:

_____

_____

_____

_____

Wo spiele ich?

_____

_____

_____


Was sage und tue ich?

_____

_____

_____


Gibt es Situationen, in denen Sie bewußt in eine psychologische Rolle schlüpfen?

_____

_____

_____


Erkennen Sie bei sich selbst ein sich ständig wiederholendes Rollenverhalten?

_____

_____

_____

## Themenzentrierte Interaktion (TZI)

Erkenntnisse der Psychoanalyse und der Gruppentherapie bilden die Grundlage des Modells der Themenzentrierten Interaktion (TZI), das mit dem Namen Ruth C. Cohn verbunden ist. Die TZI wird u.a. angewendet, wo Arbeitsgruppen ihren Kooperations- und Kommunikationsstil verbessern wollen. Ein wesentliches Merkmal der TZI ist die Ausgewogenheit von Sach- und Beziehungsebene. Logik und Verstand müssen im Kommunikationsprozeß ebenso ihren Platz haben wie Gefühle und Emotionalität. Wird eine der beiden Ebenen vernachlässigt, entstehen destruktive Kräfte, die sowohl den Einzelnen als auch die Gruppe in ihrem gegenseitigen Entwicklungs- und Lernprozeß behindern.

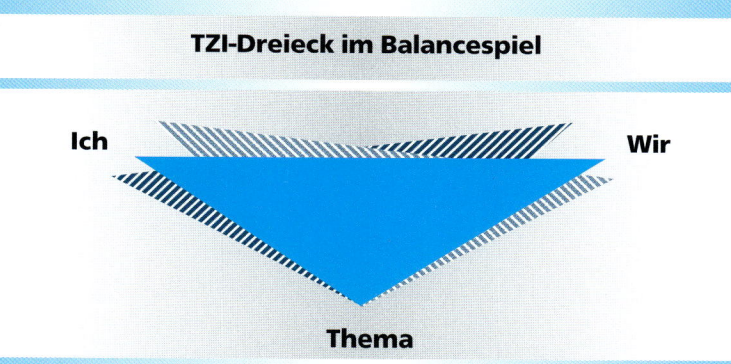

**TZI-Dreieck im Balancespiel**

Ich · Wir · Thema

In der TZI ist die Balance zwischen Thema, Gruppe (Wir) und dem Einzelnen (Ich) sehr wichtig. Ungleichgewichte führen zu Störungen. Es kann ein Sach- oder ein Beziehungs-Torso entstehen.

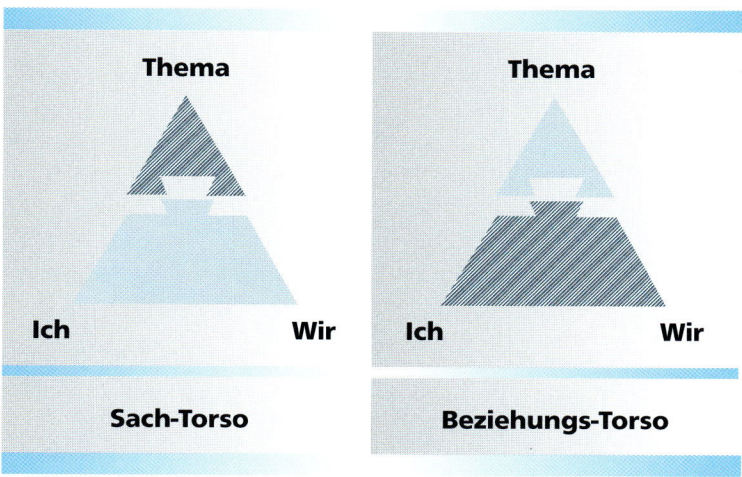

**Sach-Torso** · **Beziehungs-Torso**

Während Arbeitsbereiche häufig als „Inseln der Sachlichkeit" erlebt werden, führen persönlichkeitsorientierte Angebote gelegentlich auf selten gekannte „Inseln der Emotionalität" und bilden ihrerseits einen (Beziehungs-)Torso, dem die (thematische) Realitätsbezogenheit fehlt.

Doch TZI läßt sich nicht auf eine Methode reduzieren, sie ist zugleich auch eine wertgebundene Geisteshaltung, der ein humanistisches Welt- und Menschenbild zugrunde liegt.

- Autonomie und Interdependenz: Der Mensch ist frei und ungebunden in seinen Entscheidungen, jedoch immer auch abhängig und eingebunden von und in seinem Umfeld. Je bewußter die Abhängigkeiten von äußeren Gegebenheiten und verinnerlichten Verhaltensmustern jedoch wahrgenommen werden, desto größer wird seine Autonomie.

- Respekt vor menschlichem Leben und Wachstum: Eine ethische Werthaltung, die auf Menschlichkeit und Demut vor dem Leben fußt und Entwicklung fördert, ist der beste Schutz vor destruktiven, zerstörerischen Kräften. Werte haben daher ihren Sinn.

- Entscheidungsfreiheit innerhalb bestimmter Grenzen: Menschen können die Grenzen passiv hinnehmen oder versuchen, sie aktiv zu erweitern. In beiden Fällen treffen sie jedoch eine Entscheidung, die Auswirkungen hat und für die sie allein verantwortlich sind.

Aus diesen Grundannahmen leiten sich die Postulate und „Spielregeln" ab, die Gruppen zu einem lebendigen wie konstruktiven Miteinander-Lernen führen sollen.

- Seien Sie Ihr eigener Chairman, übernehmen Sie für sich und Ihre Entscheidungen auch selbst die Verantwortung.

- Störungen haben Vorrang, denn sie haben ihren Grund. Wenn dieser Grund nicht angesprochen und beseitigt wird, wird auch das gemeinsame Lernen verhindert.

- Vertreten Sie sich selbst in Ihren Aussagen, sprechen Sie per „Ich" und vermeiden Sie „Man müßte..."- oder „Wir sollten.." -Aussagen.

- Vermeiden Sie voreilige Interpretationen, es sei denn, jemand bittet Sie ausdrücklich um Feedback.

- Seien Sie authentisch in Ihrer Kommunikation. Sie müssen nicht alles sagen, was Sie denken. Aber seien Sie bei dem, was Sie sagen, auch ehrlich.

## Neuro-Linguistisches-Programmieren (NLP)

Neuro-Linguistisches Programmieren, kurz NLP, Anfang der siebziger Jahre von Richard Bandler, John Grinder und Robert Dilts entwickelt, wurde seither kontinuierlich ergänzt und verfeinert. Im NLP geht es um Interventionsmuster und Techniken zur Veränderung menschlichen Verhaltens und Erlebens. Mit NLP wird aber auch die Arbeit von Beratern und Therapeuten beschrieben, die bestimmte Glaubenssätze und Grundannahmen des NLP-Modells teilen.

Die drei Forscher interessierten sich für die Erfolgsstrategien „genialer" Kommunikatoren/-innen". Dazu analysierten sie die Arbeit der Kommunikations-Koryphäen Milton H. Erickson (Hypnotherapie), Virginia Satir (Familientherapie) und Frederic S. Perls (Gestalttherapie). Die Ergebnisse Ihrer Forschungen wurde die Grundlage für NLP. Es ist nicht mehr und nicht weniger als ein „kommunikatives Denkmodell", das Erfolgsstrategien liefert für Menschen, die mit anderen Menschen arbeiten.

Die wesentlichen Grundannahmen des NLP erschließen sich aus der Zusammensetzung seiner drei Begriffe:

- „Neuro" steht als Synonym für unsere Sinnesorgane, also für Sehen, Hören, Tasten, Riechen und Schmecken.

- „Linguistisch" stammt vom lateinischen Wort lingua und meint die Art und Weise, wie wir mittels Sprache verraten, was in unserem Kopf vor sich geht. Durch Sprache werden die nervlichen Vorgänge, die Erfahrungen in der Welt und in uns, dargestellt und geordnet.

- „Programmieren" bedeutet, daß die Muster der sinnlichen Wahrnehmung und der Sprache systematisch genutzt werden können, um ein bestimmtes Ziel zu erreichen. Programme sind Denk- und Verhaltensgewohnheiten, über die sich innere Einstellungen in praktisches Handeln niederschlagen.

NLP geht davon aus, daß unser Sprechen mit unserem Denken und Fühlen eng verbunden ist. Diese Wechselwirkungen schaffen die Möglichkeit, mit Sprache sowohl das Denken und Handeln anderer Menschen als auch das eigene Denken und Handeln zu beeinflussen.

Die meisten Menschen, die heute NLP praktizieren und lehren, verstehen es als Sammlung effizienter Verfahren zur bewußten Steuerung der Innen-Welt, des eigenen Bewußtseins, der Gedanken und Gefühle. Sie betonen, daß „effiziente" Kommunikation nur als Folge einer „inneren Haltung" zustandekommt: dabei sind Integrität und wechselseitige Achtung der Kommunikationspartner/-innen voreinander unverzichtbar.

Je mehr und je öfter Menschen NLP-Techniken zur Selbststeuerung anwenden, desto mehr können sie verstehen, in welcher Weise sie die „Welt" durch ihre Glaubenssätze und Überzeugungen sowie durch ihre Wahrnehmungs-Filter selbst gestalten können.

## Die Grundannahmen (Axiome)als gemeinsame Basis des NLP:

- Die Bedeutung der Kommunikation liegt in der Reaktion, die man bekommt.

- Es gibt keine Fehler/kein Versagen, nur Feedback.

- Es gibt keinen Widerstand, nur unflexible Kommunikatoren/-innen.

- Ärger bietet auch Lernchancen.

- Alles, was passiert, hat einen Sinn.

- Hinter jeder Schwäche steckt eine Stärke. Alles ist eine Fähigkeit.

- Jeder Mensch hat alles in sich, was er/sie braucht, um sich zu verändern.

- Verhalten und Veränderung muß Kontext, Situation und Ökologie berücksichtigen.

- Das Verhalten einer Person ist nicht ihre Persönlichkeit.

- Jedes Verhalten hat eine positive Absicht.

- Jede/r handelt zu einem bestimmten Zeitpunkt bestmöglich.

- Negatives Verhalten gibt man erst dann auf, wenn man etwas Besseres gefunden hat.

- Ziel jeder Veränderungsarbeit ist es, mehr (Auswahl-)Möglichkeiten zu schaffen.

- Der Mensch und sein Geist ist ein lebendes und dynamisches System.

- Der Teil eines Systems mit der größten Flexibilität beeinflußt das System am meisten.

- Wir sind selbst verantwortlich für das, was uns passiert.

- Die Worte, die wir benützen, sind nicht das Ereignis oder die Gegebenheit, die sie repräsentieren.

- Die Landkarte ist nicht das Territorium.

## Die Landkarte ist nicht das Territorium

Die Welt ist eine Unendlichkeit von Sinneseindrücken, die Menschen nur beschränkt durch ihre Sinneskanäle aufnehmen können und die durch Erfahrungen, Werte, Kulturen, Überzeugungen, Einstellungen, Interessen und Annahmen zum „Modell der Welt" gefiltert werden. Wir richten z. B. unsere Aufmerksamkeit auf jene Aspekte der Welt, die uns interessieren und ignorieren andere. So lebt jeder Mensch in einer einzigartigen Welt, die auf seine Sinneseindrücke und individuellen Lernerfahrungen gegründet ist. NLP nennt dieses Modell, diese persönliche Weltsicht die „Landkarte".

Unsere „Landkarte" von dieser Welt ist also nicht identisch mit der Welt selbst. Es gibt einen Unterschied zwischen Modell und Realität. NLP geht davon aus, daß alle Modelle, die Menschen entwerfen, „gefilterte" Modelle sind - so wie auch „richtige" Landkarten auswählen je nachdem ob sie politische, geographische oder ökologische Aspekte abbilden sollen.

Um Strukturen und Formen der menschlichen „Landkarten" beschreiben und analysieren zu können, bedienen sich Kommunikationslehre und Humanwissenschaften sogenannter Meta-Modelle: diese beschreiben also nicht die „Wirklichkeit", sondern die „Landkarten" der Wirklichkeit, sind also sozusagen die „Landkarten der Landkarten". Wenn wir auf einer Landkarte die Eisenbahnstrecke zwischen Dortmund und Dresden anschauen, dann ist die Legende, die uns sagt, wieviele Kilometern in der Realität ein Zentimeter auf der Karte entspricht, das „Modell der Landkarte" oder das Metamodell. Mit einem Metamodell wird die Form eines Modells beschrieben. Ein Metamodell ist eine zweite Beschreibungsebene, die sich auf die erste bezieht.

## Wahrnehmungsfilter

Metamodelle beschreiben Formen eines Modells. Filter sind solche Formen. Am Beispiel der Sprache lassen sich typische als Filter wirkende Modellbildungsprozesse in Form einer selektiven Vorgehensweise beschreiben.

Wir selektieren aus der möglichen Anzahl von Informationen unbewußt Informationen, d.h. wir lassen sie weg, wir tilgen sie. Der Nominalstil in: „Freiheit ist wichtig" tilgt z. B. die Information, was genau unter Freiheit zu verstehen ist.

Andererseits verallgemeinern wir. Denn würden wir alle Bedingungen und Besonderheiten unserer Umwelt einbeziehen, würde unsere Unterhaltung sehr weitschweifig. Zum Beispiel sagt jemand: „Redeanlässe machen mich immer nervös".

Schließlich wollen Menschen unbewußt eine möglichst einfache Darstellung von Informationen wiedergeben. Dabei werden die Informationen verzerrt. Bei sogenannten Ursache-Wirkungs-Konstrukten wie „Du machst mich mit Deinem Verhalten traurig" wäre z. B. zu fragen: Wie soll denn das eine das andere verursachen?

Verzerrungen im Modellbildungsprozess der Sprache sind Ausdruck dafür, daß Menschen die „Realität" verzerrt wahrnehmen- d.h. in einem bestimmten Sinne filtern.

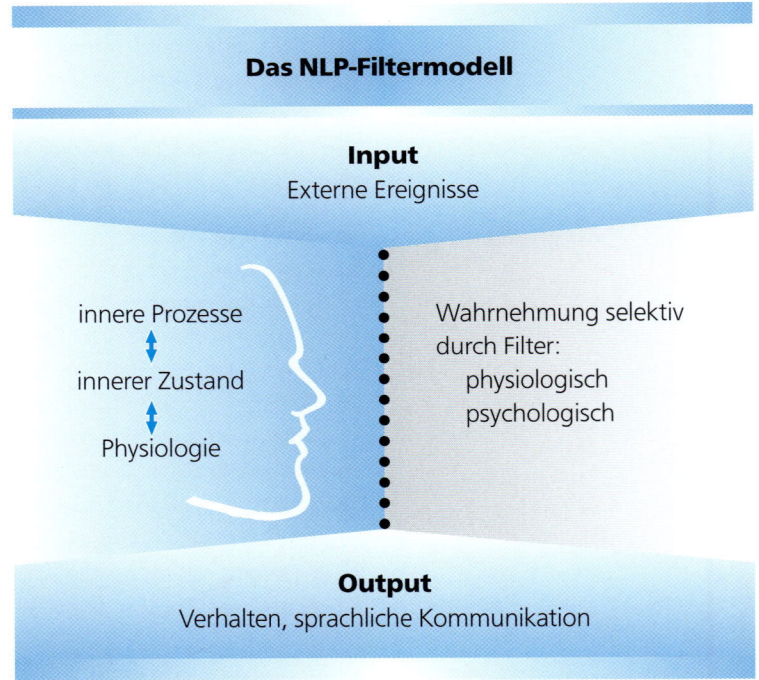

**Das NLP-Filtermodell**

**Input**
Externe Ereignisse

innere Prozesse
innerer Zustand
Physiologie

Wahrnehmung selektiv
durch Filter:
physiologisch
psychologisch

**Output**
Verhalten, sprachliche Kommunikation

Kommunizieren zwei Personen miteinander, dann kommt es zu einer Verdopplung der Selektionswirkung. Personenspezifische Wahrnehmungsfilter werden im NLP Metaprogramme oder Sortierstile genannt. Sie beschreiben die Muster der spezifischen Filter, die wir beim Kontakt mit unserer Umwelt oder Außenwelt unbewußt anwenden. Sie bearbeiten, formen und gestalten alle Informationen: die aus der Außenwelt, die wir in unsere Innenwelt hineinlassen und die aus der Innenwelt, die wir nach außen treten lassen.

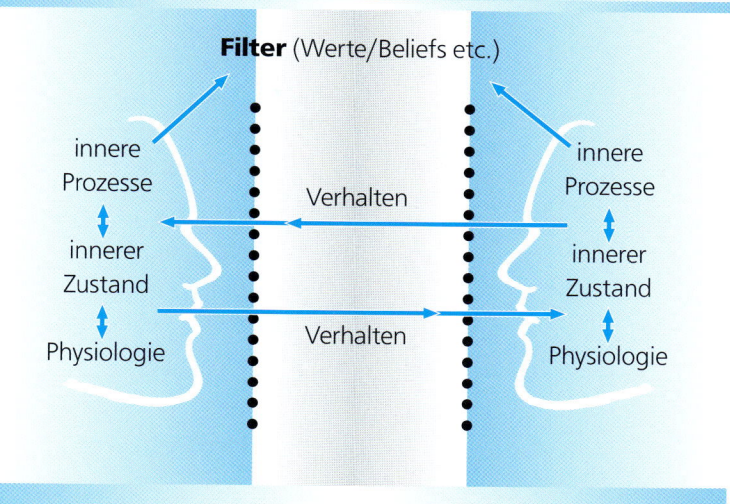

**Ebenen und Erlebnisbestandteile in der menschlichen Interaktion**

Filter (Werte/Beliefs etc.)

innere Prozesse — innere Prozesse

Verhalten

innerer Zustand — innerer Zustand

Verhalten

Physiologie — Physiologie

„Metaprogramme sind wie eine Tür, durch die wir mit der Welt draußen agieren. Diese Tür hat die Macht, nur bestimmte Dinge passieren zu lassen."(Fußnote Ötsch/Stahl 1997, S. 128)

Es ist Ihnen sicherlich nichts Neues, daß Sie sich bei der Kommunikation mit unterschiedlichen Menschen ganz unterschiedlich verhalten. Betrachten Sie Metaprogramme deshalb nicht wie fixe Persönlichkeitsmerkmale. Sie sind eher grundlegende Organisationsprinzipien, die aussagen, wie eine Person denkt und wahrnimmt. Sie sind wie das Betriebssystem eines Computers, auf dem die anderen Programme ablaufen.

## Proaktiv oder reaktiv

Wenn Sie in eine bestimmte Situation hineinkommen, handeln Sie dann für gewöhnlich schnell, nachdem Sie die Lage abgeschätzt haben, oder untersuchen Sie vorher alle möglichen Konsequenzen und handeln dann?

## Hin zu – weg von

Ist es wichtiger, x zu erreichen als y zu vermeiden? Zieht es Sie an oder treibt es Sie fort?

## Innen – oder Außenorientierung

Sind Sie auf Ihr Innenleben orientiert oder auf darauf, wer oder was Sie umgibt? Woher wissen Sie, ob Ihre Arbeit gut war? (innere Vergewisserung oder Rückmeldung von außen)

## Option – Verfahren

Haben Sie es lieber, wenn man Ihnen sagt, was zu tun ist oder möchten Sie es selbst herausfinden?

## Allgemein – spezifisch

Nehmen Sie Dinge eher im Detail oder als Ganzes wahr?

## Gemeinsamkeiten – Unterschiede

Bevorzugen Sie, was Sie schon kennen?

## Überzeugungsmuster, -kanäle und -modalitäten

Wie lassen Sie sich überzeugen? Wie oft müssen Informationen kommen, damit jemand Sie überzeugt, mit welcher Konsequenz oder in welchem Zeitraum?

## Vergangenheit – Gegenwart – Zukunft – atemporal

Zeitorientierung: Ist Ihre Aufmerksamkeit eher auf die Vergangenheit, die Gegenwart oder die Zukunft gerichtet, oder interessiert Zeit Sie nicht?

## Entscheidungsfilter

Hört sich, fühlt sich gut an! Sieht gut aus! Macht Sinn! Woran merken Sie, daß Sie eine richtige Entscheidung getroffen, Ihr Ziel erreicht haben?

## Aufmerksamkeitsfokus

Menschen, Orte, Dinge ....Worauf achten Sie zuerst, wenn Sie im Urlaubsort ankommen? ...Was ist Ihnen am wichtigsten?

**Wahrnehmungspositionen**

Wenn es also schon „in Gegenwart eines Zweiten" (Watzlawick) quasi zu einer Verdoppelung der Wirkungen der Filterprogramme kommt, wie ist dann Verständigung und Kommunikation noch möglich? Wie können wir uns die Welt der oder des anderen erschließen? Wie können wir zu einer wirkungsvollen Kommunikation und damit zu einer fruchtbaren Kooperation kommen?

Indem Sie die bewußt oder unbewußt eingenommene Perspektive, aus der Sie eine eine Situation erleben , wechseln, also den Blickwinkel einer oder mehrerer anderer beteiligter Personen einnehmen. Durch diesen Perspektivwechsel können Sie den Standpunkt einer anderen Person besser verstehen, ihre Handlungsmotive und Interessen im Sinne der Schaffung einer gemeinsamen Verständigungsgrundlage besser nachvollziehen. Sie können sich der Selektivität und Begrenzung der eigenen Sichtweise bewußt werden und durch die Multiperspektivität den eigenen Horizont erweitern.

> **Indem wir in die Mokassins der anderen schlüpfen, lernen wir ihre Welt verstehen.**

Bei dieser Technik des Perspektivenwechsels hilft Ihnen die Unterscheidung zwischen drei Wahrnehmungspositionen:

- Die erste Position ist das Erleben aus der eigenen Perspektive mit Ihren eigenen Vorannahmen und Wahrnehmungsfiltern. Ihre Wahrnehmung ist direkt, unmittelbar und unvermittelt. Sie sind mit dem eigenen Standpunkt assoziiert.

- Die zweite Position ist die Wahrnehmung einer Situation aus der Perspektive einer anderen Person. Sie schlüpfen „in die Schuhe" einer anderen Person und erleben die Welt aus der Warte dieser Person: Sie sehen mit deren Augen, hören mit ihren Ohren und fühlen aus deren Perspektive.

- Die dritte Position ist eine Beobachtungs-Position, nennen wir sie Meta-Position. Sie tut so, als ob eine unbeteiligte Person von außen „objektiv", unparteiisch und unbeteiligt die Situation betrachtet. In der Distanz zur ersten und zur zweiten Position können z. B. die Interaktionen zwischen den beteiligten Personen erkundet und analysiert werden.

31

Der Frage, ob es solch eine unabhängige Beobachter-Position und damit eine „objektive" Beschreibung beobachteter Prozesse überhaupt geben kann, wollen wie hier nicht weiter nachgehen. Im NLP als Kommunikationsansatz wird der Wert jeder Position betont, weil Sie in jeder Wahrnehmungsposition etwas entdecken und erfahren können, das Ihnen in den beiden anderen Positionen verborgen bleibt.

- Der Wert der ersten Position ist die Fähigkeit, ganz assoziiert sein zu können und auf die eigenen Bedürfnisse zu achten.

- Der Wert der zweiten Position sind soziale Fähigkeiten: den Standpunkt und die Bedürfnisse anderer zu erkennen, zu respektieren und für andere da zu sein.

- Der Wert der dritten Position ist die Fähigkeit, dissoziiert sein zu können, sich z. B. in Konflikten eine gewisse „emotionale Distanz" bewahren zu können. In der dissoziierten Beobachtungs-Position sind Menschen fähig, Kommunikations-Strukturen zu erkennen und zu analysieren, Verhaltens-, Konflikt-, Streß- usw. -muster zu entdecken, Strategien und Programme (z. B. Wahrnehmungsfilter) in Erfahrung zu bringen.

Menschen unterscheiden sich auch danach, in welchen Kontexten sie – gleichsam automatisch – welche der drei Positionen vorrangig einnehmen. Die Fähigkeit, „in die Mokassins der anderen zu schlüpfen", ist eine Basiskompetenz, die als Teil der sog. Sozialkompetenz für alle Lebensbereiche wichtig ist. Aber auch Menschen, die nur schwer mit ihren Gefühlen in Kontakt treten, also Schwierigkeiten haben, in der ersten Position assoziiert zu sein, können den Wechsel der Wahrnehmungspositionen im Sinne des Selbstmanagements nutzen.

## Kommunikationsstile: Satir-Kategorien

Zu der für die Praxis „nützlichen" Modell- und Kategorienbildung gehören auch die Kommunikationsstile, die die amerikanische Familientherapeutin Virginia Satir entdeckt hat und die als „Satir-Kategorien" Eingang in das Methodenrepertoire der Kommunikationslehre gefunden haben.

Wie bei jeder Typisierung ist vor „Schubladendenken" zu warnen, andererseits sind die Satir-Kategorien gut in der Lage, typische konflikterzeugende Verhaltens- und Kommunikationsmuster des Alltags zu beschreiben. Denn bei allen dauerhaften Störungen der Kommunikation zwischen Menschen und bei den meisten zwischenmenschlichen Konflikten liegt in der Regel auch ein gestörtes/zu schwaches Selbstwertgefühl der Beteiligten vor.

Satir bezeichnet diesen Zustand niedrigen Selbstwertgefühls als ,,Low pot". Bei ,,Low pot"- Zuständen zeigen Menschen in Situationen, in denen sie sich verunsichert oder bedroht fühlen, dies jedoch nicht zeigen wollen, vier charakteristische Reaktionsmuster: beschwichtigen, anklagen, rationalisieren, und ablenken. Nach Satir trägt jeder Mensch diese „Schutzmechanismen" in sich.

Eine Person von hohem Selbstwert dagegen, nach Satir ein „kongruenter Leveler", muß auch in schwierigen oder bedrohlichen Situationen ihren „pot" nicht ausschütten und kann authentisch und konstruktiv handeln. Mehr noch: Da diese körpersprachlichen Muster tatsächlich bei vielen Menschen die beabsichtigten Wirkungen auslösen, können Sie sie als „kongruenter Leveler" aus kommunikationsstrategischen oder -taktischen Gründen auch bewußt zum Erreichen Ihres Gesprächszieles einsetzen!

## Die Satir-Kategorien im Überblick:

### BESCHWICHTIGEN (Playcater)

*Die Worte:*

zustimmend, versöhnlich, jammernd: „Was Du willst ist in Ordnung. Ich bin glücklich, Dir zu helfen." Kommunikationsinhalte sind Entschuldigungen, eigene Gefühle, Zustimmung, Fragen an den anderen. Ja - Sager: Sagt ja zu allem, egal was er fühlt und denkt. Spricht über die eigene Person: Ich bin hilflos.

*Grammatik:*

Einschränkungen: ein bißchen, bloß, nur, manchmal. konditional: Ich könnte, ich würde, ich hätte gern. Gedankenlesen: Du weißt auch, daß es mir schlecht geht. Du hältst mich auch für einen Versager.

*Stimme:*

Klein, piepsig, jammernd, einschmeichelnd, kindlich, entschuldigend.

*Körper:*

Hände bittend ausgestreckt, Augen öfters gesenkt, dann wieder Blick nach oben, von wo Hilfe kommt, Körper geduckt, Verspannungen im Genick.

*(unbewußte) Intention:*

Der/die andere soll nicht ärgerlich werden

*Darunterliegendes Selbstwertgefühl:*

Ich bin nichts wert. Ich muß jemanden finden, der mich anerkennt. Ich schulde jedem Dank. Ich bin für alles, was schief läuft, verantwortlich. Natürlich stimme ich jeder Kritik über mich zu.

**Eine Karikatur von Gefälligkeit.**

### ANKLAGEN (Blamer)

anklagend, kritisierend: „Du machst nie etwas richtig"; Imperative, Befehle: „Du mußt! Du sollst!" Kommunikationsinhalte sind Fehler der anderen Person, Feststellungen über und Forderungen an den anderen.

Generalisierungen: Nie... ! Immer ...! Jeder...! Alles ..! Negative Fragen: Wie kommt es, daß Du das nicht kannst? Warum tust Du das nie? Wieso tust Du das immer? Ursache - Wirkung: Du machst mich ärgerlich! Wegen Dir muß ich mich so anstrengen!

Laut, schreiend, anklagend, hart, schrill, laut.

ausgestreckter Finger oder Arm, meist auf den Gesprächspartner gerichtet, das Gewicht nach vorne, die andere Hand an der Hüfte, Spannung vor allem in den Schultern, Hals, Augen. Atem eng und kleine Züge oder Atem wird rausgeschrieen. Oft zu hoher Blutdruck.

Der/die andere soll mich für stark halten

Ich bin einsam.

**Eine Karikatur von Macht.**

## RATIONALISIEREN (Computer)

vernünftig, korrekt, abstrakt, gebraucht die längsten Worte, möglichst Fremdworte; Wahrnehmung über etwas; Beobachtungen, Überlegungen, Zusammenfassungen abstrakt.

Fehlender Bezug, unbestimmtes Subjekt: Wie man sehen kann... Es ist störend. Jemand, man, der Mensch, die Gesellschaft; Nominalstil: Frustration, Konflikt, Streß, Beziehungen.

kühl, kein Gefühl, gesammelt, trocken, monoton, ruhig, besonnen;

kühl und beziehungslos, Energie im Kopf, im Körper kein Gefühl, steife Wirbelsäule, Eisenkragen um den Hals, bewegungslos, wenig Mimik, Hände vor der Brust verschränkt.

Der/die andere soll mich für klug und kompetent, halten

Ich fühle mich verletzlich.

**Eine Karikatur von Intellekt.**

## VERWIRREN (Distractor)

beziehungslos, belanglos, wenig Sinn, ignoriert Fragen, reagiert mit eigenen Fragen, springt zwischen den Themen, nie gezielte Worte.

Schneller Wechsel der persönlichen Fürwörter: ich, du, man. Abgebrochene Sätze.

Singsang, schnatternd;

weist gleichzeitig in verschiedene Richtungen, eckig, schiefsitzender Kopf, dreht sich dauernd. Sehr damit beschäftigt, Mund, Augen, Arme und Beine zu bewegen. X - Beine, Gesäß nach hinten gedrückt, Rücken gekrümmt; zieht imaginäre Fasern aus jemandes Kleidung.

Der/die andere soll mich für locker, lässig und „cool" halten

Ich gehöre nirgendwo hin. Niemand macht sich etwas aus mir. Fühlt sich innerlich schwindlig oder verschwommen.

**Eine Karikatur von Lebendigkeit.**

Gesagt ist nicht gehört,
gehört ist nicht verstanden,
verstanden ist nicht einverstanden,
einverstanden ist nicht angewendet,
angewendet ist nicht beibehalten.

Konrad Lorenz

# Elemente partner- und zielorientierter Gesprächsführung

## Gesprächsführung als Problemlösungsprozeß

Der Gesprächsführungsprozess ist mit einem Problemlösungsprozess vergleichbar. Denn in der Regel soll das Gespräch die Klärung eines Sachverhalts oder Problems vorantreiben und Entscheidungen über das weitere Vorgehen treffen. Dabei ist unerheblich, ob es um Beziehungs-, Kritik-, Konflikt-, Klärungs- oder Zielvereinbarungsgespräche geht.

Aus der Kreativitäts- und Innovationsforschung wissen wir, daß (kreative) Problemlösung nur gelingt, wenn die Phasen der Problemdefinition und der Ideenfindung/der Sammlung potentieller Lösungsalternativen einerseits von den Phasen der Bewertung dieser Vorschläge/der Entscheidungsfindung und der Maßnahmenplanung andererseits ganz klar getrennt werden. Auch die vier Phasen des kreativen Prozesses im Trainingsbuch „Neues wagen", 1998 folgen diesem Muster.

## Die sechs Schritte zur wirksamen Problemlösung

### 1. Phase

Problemklärung: das Problem wird erkannt und definiert

- Beschreibung des Sachverhalts
- Problemdefinition/-formulierung ohne Wertung
- Ziel ist das Verständnis aller Beteiligten für die Ausgangs- oder Ist-Situation
- Offenlegung der unterschiedlichen Standpunkte
- Anerkennung der Lösungsbedürftigkeit

### 2. Phase

Ideenfindung: Ideen werden gesammelt und alternative Lösungen entwickelt

- Vorschlag möglicher Lösungen
- Anhörung der beteiligten Seiten
- gemeinsame Suche nach Alternativen
- Entgegennahme aller Vorschläge ohne Kritik, Bewertung und Selektion

### 3. Phase

Bewertung: Lösungsalternativen werden bewertet

- offene, ehrliche Begutachtung durch die Gesprächspartner/-innen
- gemeinsame Überprüfung auf ihre Funktionsfähigkeit
- kritische Bewertung
- gemeinsame Formulierung der besten Lösungsmöglichkeit

## 4. Phase

Entscheidung: die Entscheidung wird getroffen

- nochmalige Formulierung der Lösungsmöglichkeit
- Überprüfung auf ihre allseitige Akzeptanz
- Zustimmung der Gesprächspartner/-innen zur Lösung wird festgestellt
- die Lösung wird keiner Seite aufgezwungen

## 5. Phase

Umsetzung: die Entscheidung wird durchgeführt

- Planung der Umsetzungsmöglichkeiten
- Maßnahmen zur Realisierung werden festgehalten
- wer hat was wann mit wem wozu zu tun?

## 6. Phase

Erfolgskontrolle: die Umsetzung der Lösung wird abschließend bewertet

- Erfolg der ergriffenen Maßnahmen wird überprüft
- Abschließende Bewertung der gefundenen Lösung
- Revision der getroffenen Entscheidung ist in beiderseitigem Einverständnis möglich

Die folgenden Kommunikationsfertigkeiten der partner- und zielorientierten Gesprächs- und Verhandlungsführung haben alle ihre Ursprünge in der Humanistischen Psychologie und der Psychotherapie, ganz besonders aber in dem Konzept der non-direktiven Gesprächsführung (verbunden mit den Namen Carl Rogers und Thomas Gordon) und der Neuro-Linguistischen-Programmierung.

Sie sind beginnend über die Human-Relations-Bewegung der vierziger Jahre sowie über die intensivierte sozialpsychologische Führungs- und Kommunikationsforschung seit 1950 in die Führungs- und Kommunikationslehre eingegangen und haben sich in der Praxis bewährt.

## Aktives Zuhören

Die Gesprächsführungstechnik des aktiven Zuhörens haben wir Ihnen im Trainingsbuch „Mit Argumenten überzeugen" (S. 37ff) bereits vorgestellt. Mit aktivem Zuhören signalisieren Sie nicht nur Aufmerksamkeit und Zuwendung (Beziehungsebene), sondern steuern Sie auch Gespräche. (Inhaltsebene).

Beim aktiven Zuhören unterscheiden wir:

- nonverbale (körpersprachliche) Signale (z. B. Augenkontakt, Kopfnicken als Zeichen der Zustimmung etc.) und verbale Signale („hm, „ja", „und weiter")
- Techniken des „Paraphrasierens" (sinngemäß wiederholen und zusammenfassen)
- die sogenannte „Verbalisierung emotionaler Erlebnisinhalte", hier als „einfühlendes" Zuhören" bezeichnet.

## Wiederholen und Zusammenfassen

Durch gekonntes Zusammenfassen und Wiederspiegeln können Sie Ihre Gesprächspartnerin in ihrem Klärungs- und Reflexionsprozess unterstützen und dafür sorgen, daß die Problemlösung in der Verantwortung dessen bleibt, der oder die sich eine Problemlösung wünscht und sie auch umsetzen muß.

„Wiederholen" bedeutet, in eigenen Worten wiederzugeben, was Sie von den „Botschaften" des/der anderen wahrgenommen und verstanden haben. Vermeiden Sie dabei den sog. „Papagei-Effekt". Konzentrieren Sie sich auf das Wesentliche, auf den Kern, den Fokus der Aussage, auf Schlüsselwörter. Nur wenn es um die Rückversicherung geht, ob Sie Ihre Gesprächspartnerin richtig verstanden haben, ist eine detailliertere Wiederholung ihrer Aussagen sinnvoll.

Auch das „Zusammenfassen" ist eine Art des Wiederholens. Es wird nicht unmittelbar das wiedergegeben, was verstanden wurde, sondern das Gesprochene wird nach bestimmten Punkten, Themen, Abschnitten oder Gesprächsphasen zusammengefasst.

Die entscheidenden Vorteile von „Wiederholen und Zusammenfassen":

- Als Senderin einer Botschaft erhalten Sie durch die Rückmeldung des Empfängers eine eindeutige Information. „Ja" bedeutet, der Empfänger fühlt sich verstanden, bei „Nein" müssen Sie nachfragen.

- Wer etwas wiederholen oder zusammenfassen will, muß konzentriert zuhören. Dabei sind Sie ruhig, gelassen und aufmerksam, mit Ihren Gedanken in der Gegenwart.

- Sie nehmen sich Zeit, um genau zu überdenken, wie das Gespräch sinnvoll fortgeführt wird.

- Die Gesprächspartner/-innen nehmen sich gegenseitig ernst und wichtig: alle sollen richtig verstanden werden.

- Sie sparen viel Zeit, weil wesentlich spannungsfreier kommuniziert wird.

- Sie bekommen nach dem „Wiederholen und Zusammenfassen" jedes Mal Lob und Anerkennung.

Eine ganz andere Art der Aufmerksamkeit ist das positive, bewusst eingesetzte „aktive Schweigen". Sie kennen sicher das passive trotzig-boshafte Schweigen, das die/den anderen mit Nicht(be)achtung straft: „Mit dir will ich nichts mehr zu tun haben". Beim aktiven Schweigen halten Sie den Kontakt miteinander aufrecht. Die Kommunikation ist hoch konzentriert und aufmerksam. Aktives Schweigen, situativ richtig eingesetzt, ist für den Gesprächs- oder Verhandlungspartner ein wertvolles Geschenk. Aus Beobachtungen wissen wir, daß Personen, die das aktive Schweigen kontrolliert einsetzen und es auf volle fünf Sekunden ausdehnen können, bis zu 25 Prozent mehr an Informationen erhalten.

## Einfühlendes Zuhören

Ziel des „einfühlenden Zuhörens" ist es, die Gefühle und Bedürfnisse der anderen Person hinter bzw. zwischen ihren Worten zu hören und auszudrücken, im Fachjargon als „Verbalisieren emotionaler Erlebnisinhalte" bezeichnet. Es ist die Kompetenz des „Zwischen-den-Zeilen-lesen-könnens". Sie setzt Empathiefähigkeit voraus, also Einfühlungsvermögen gepaart mit der Fähigkeit zur Perspektivenübernahme. Sie ziehen sich die „Mokassins" der anderen" an.

Einfühlend zuhören heißt, wohlwollend zuzuhören und sinngemäß wiederzuspiegeln, was Sie gehört und vom Gefühlsausdruck her verstanden haben, ohne mehr hineinzulegen, als gesagt wurde.

Dazu ein Beispiel aus dem Vereinsleben:

Geschäftsführer zu einem Vereinsmitglied, das ihm eine umfangreiche Auflistung von PKW-Fahrten zu pflegebedürftigen Personen vorlegt und um die satzungsgemäße Erstattung der Kosten bittet:

*„Wie kommt man bloß zu so vielen Fahrten. Sie horten sowas wohl?"*

Mitglied (überhört den Vorwurf und reagiert einfühlend zuhörend): *,,Sie wundern sich, wie ich zu diesen Besuchen komme."*

Geschäftsführer: *,,Ja, Sie sind doch außerdem noch ganztags berufstätig, wenn ich richtig informiert bin. Ich weiß gar nicht, woher Sie die Zeit für so viele Besuche nehmen."*

Mitglied: *„Sie hören sich ganz skeptisch an."*

Geschäftsführer (läßt von den Vorwürfen ab und spricht von sich): *„Ja, ich würde auch gern mal ein paar Tage freinehmen. Aber die Arbeit erschlägt mich."*

Mitglied: *„Ich habe fast den Eindruck, eigentlich beneiden Sie mich."*

Geschäftsführer: *„Ja, das kann man so sagen. Wenn ich diese Berg von Abrechnungen hier sehe, den ich noch erledigen muß, wünschte ich mir manchmal, ich hätte mir einen einfacheren Job ausgesucht."*

Mitglied: *„Im Moment ist es Ihnen wirklich zuviel, was da auf Ihrem Schreibtisch liegt."*

Geschäftsführer: *„Ja, allerdings! Meine Frau beschwert sich schon, daß ich mit dem Verein verheiratet bin, weil ich immer so spät nach Hause komme. Aber jetzt muß ich wieder ran. Schönen Abend!"*

Der Verzicht des Mitglieds auf empörte Verteidigung oder Rechtfertigung, kombiniert mit Einfühlendem Zuhören fördert in diesem Beispiel zutage, daß der „Vorwurf" bzw. das Mißtrauen des Geschäftsführers Ausdruck seiner eigenen Arbeitsüberlastung und persönlichen Konfiktsituation ist. Daß das Gespräch natürlich auch eine völlig andere Wendung hätte nehmen können, lassen wir hier außer Betracht.

Einfühlendes Zuhören eignet sich insbesondere auch, um (konflikterzeugende) Du-Botschaften der Gesprächspartner/-innen zu entschärfen.

Du-Botschaft: *,,Du machst aus jeder Mücke einen Elefanten."*

Typische (verschärfende)Reaktion des/der Angegriffenen: *„Das sagst ausgerechnet Du, der sich schon aufregt, wenn ich mal beim Versenden unseres Infos jemanden vergessen habe."*

Einfühlendes Zuhören: *„Du wünscht Dir, daß ich die Sache gelassener angehe."*

**Übung:**

Finden Sie für die folgenden Statements wohlwollende Umformulierungen im Sinne einfühlenden Zuhörens.

*Das funktioniert bei uns nicht. Das haben wir schon ausprobiert.*

_____

_____

_____

*Sie sind viel zu empfindlich. Legen Sie doch nicht jedes Wort auf die Goldwaage.*

_____

_____

_____

*Wenn ich wirklich einmal Hilfe brauche, hat niemand Zeit für mich. Jeder denkt nur an sich.*

_____

_____

_____

## Positive Auswirkungen des einfühlenden Zuhörens

- Einfühlendes Zuhören achtet die andere Person in ihrer Fähigkeit, selbst ihre Probleme zu lösen.

- Einfühlendes Zuhören läßt unserem Gegenüber Raum, tiefer in etwas einzudringen und eigene Antworten zu finden.

- Die Problemlösungen, die eine Person findet, der einfühlend zugehört wird, haben eine größere Chance, durchgeführt und durchgehalten zu werden, da sie von ihr selbst kommen.

- Eine Person, der einfühlend zugehört wird, wird wohlwollender sich selbst und anderen gegenüber, weil sie sich nicht dauernd verteidigen muß.

- Einer Person, der einfühlend zugehört wird, bleibt Raum, eigenen Gedanken und Gefühlen nachzuspüren, ohne daß sie gleich mit den Gedanken und Gefühlen der zuhörenden Person vermischt werden.

- Mit einfühlendem Zuhören verschaffen wir uns selbst eine Nachdenkpause, bevor wir – z. B. bei einer Konfrontation – auf den anderen reagieren. Das Gespräch ist entspannt und in einer Konfliktsituation kommt es nicht zu einem „Schlagabtausch" der Argumente.

## Gefahren des einfühlenden Zuhörens

- Einfühlendes Zuhören wird dann manipulativ, wenn es nicht ehrlich gemeint ist und nicht der Achtung für die Meinung und Sichtweise des anderen entspringt.

- Beim einem Zuviel an Einfühlendem Zuhören können Sie Ihre eigenen Bedürfnisse/Ihr eigenes Anliegen aus den Augen verlieren. Schalten Sie deshalb vor allem bei Konflikt- und Klärungsgesprächen immer wieder um auf Ich-Aussagen.

- Beim einfühlenden Zuhören halten Sie sich selbst heraus. So können Sie dem/-der anderen also auch die Antwort/die Reaktion verweigern, die er/sie erwartet. Der Volksmund nennt das: jemanden „an der Leine zappeln", am „ausgestreckten Arm verhungern" zu lassen.

## Wann einfühlendes Zuhören nicht angebracht ist

- Wenn es keine Hinweise dafür gibt, daß die andere Person ein Problem hat, über das sie jetzt ausführlicher sprechen möchte. (Wichtige Ausnahme: Eine Konfliktsituation, in der wir das einfühlende Zuhören einsetzen, um der anderen Person zu verdeutlichen, daß wir ihre Sichtweise gehört haben.)

- Wenn wir innerlich nicht bereit sind, z. B. weil wir in Eile oder gerade nicht in der Stimmung sind, uns mit Problemen anderer zu befassen, oder uns die Äußerungen unseres Gegenübers irritieren oder verletzen.

- Wenn wir von dem Problem der anderen Person nicht genügend Abstand haben, (z. B. der Partner gesteht gerade einen Seitensprung).

- Wenn die andere Person sich so klar ausdrückt, daß eine Rückmeldung überflüssig ist.

- Wenn eine andere Person um ganz konkrete Informationen bittet.

Das einfühlende Zuhören will emotionale Anteile in den Aussagen unserer Gesprächspartner thematisierbar zu machen, um damit Verständnis und Wertschätzung zu signalisieren und die Chance zu erhöhen, daß wir über das „eigentliche" Thema sprechen, das nur allzu oft hinter Sachaussagen, Vorwürfen und diffusen Selbstauskünften verborgen bleibt. Damit gehört die „Verbalisierung emotionaler Erlebnisinhalte" zu einem sehr wirksamen Instrument der Gesprächssteuerung.

**Der vierohrige Empfänger**

Die in der Kommunikationslehre geläufige Unterscheidung zwischen den vier Kommunikationsebenen nach Schulz von Thun haben wir Ihnen im Trainingsbuch „Mit Argumenten überzeugen" (S. 42ff) bereits vorgestellt. Sie gehört ebenfalls zum gängigen Instrumentarium des Zuhörens. Neben dem Inhalt des Gesagten enthält jede Mitteilung auch eine Information über die Beziehung, die der Sprecher durch das Reden zum Zuhörer herstellt. Die Beraterin (bzw. geschulte Zuhörerin) hat gelernt, solche „Auch-Botschaften" mitzuhören, ganz gleich, welcher „Schule der Kommunikation" sie auch angehört.

## Feedback geben und nehmen

Feedback, jener aus der technischen Kybernetik abgeleitete Begriff, mit dem die Kommunikationstheorie authentische Rückmeldungen zur Person und zum Verhalten benennt, ist in der gesellschaftspolitischen Praxis meist Mangelware. Durch Feedback können Sie erfahren, wie Sie mit allen Ihren Verhaltensweisen, auch den non- oder paraverbalen, auf andere Menschen wirken. Sie können so auch Erkenntnisse darüber gewinnen, wie weit Ihr Selbstbild und Ihr Fremdbild übereinstimmen oder voneinander abweichen. Je einflußreicher Ihre Position, desto geringer ist in der Regel Ihre Chance, über Ihr eigenes Verhalten und dessen Wirkungen, über das bei anderen bestehende Bild Ihrer Person offene und substantielle Rückmeldung zu erhalten.

Das Johari-(Wahrnehmungs-)Fenster, benannt nach den Autoren Joe Luft und Harry Ingham, ist ein einfaches graphisches Modell, das die Veränderungen von Selbst- und Fremdwahrnehmung im Verlaufe eines Gruppenprozesses darstellt.

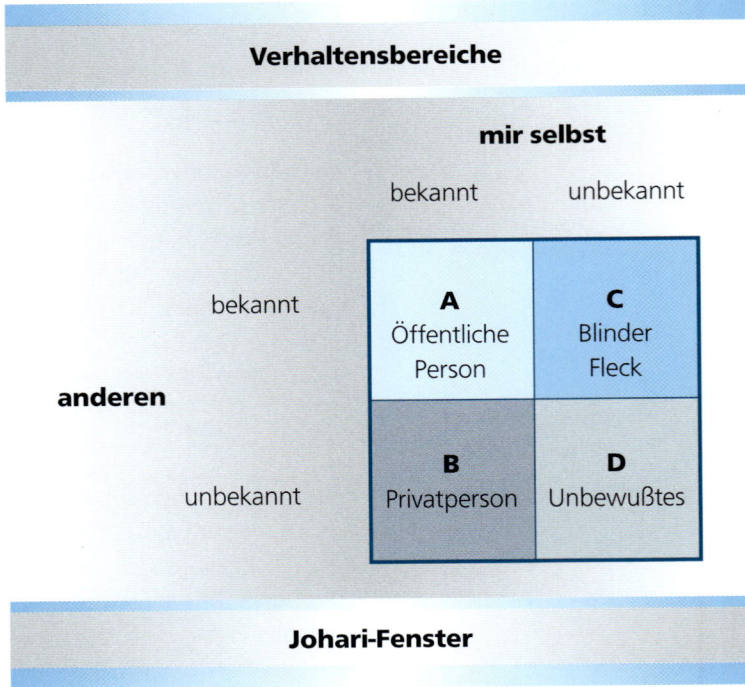

**Verhaltensbereiche**

**Johari-Fenster**

## Quadrant A:

Ist der Bereich der freien Aktivität, der öffentlichen Sachverhalte und Tatsachen, wo Verhalten und Motivationen sowohl mir selbst bekannt als auch für andere wahrnehmbar sind.

### Quadrant B:

Das ist der Bereich des Verhaltens, der mir bekannt und bewußt ist, den ich aber anderen nicht bekannt gemacht habe oder machen will. Dieser Teil des Verhaltens ist für andere verborgen oder versteckt.

### Quadrant C:

Ist der „blinde Fleck" der Selbstwahrnehmung, d.h. der Teil des Verhaltens, der für andere sichtbar und erkennbar ist, mir selbst hingegen nicht bewußt. Dabei geht es um Abgewehrtes, Vorbewußtes und nicht mehr bewußte Gewohnheiten.

### Quadrant D:

Er erfaßt Vorgänge, die weder mir noch anderen bekannt sind und sich in dem Bereich bewegen, der in der Tiefenpsychologie „unbewußt" genannt wird. Dieser Bereich wird in der Regel durch Feedback nicht bearbeitet.

Nach diesem Modell läßt sich die Situation in einer gerade neu konstituierten Gruppe so darstellen, daß der Bereich der freien Aktivität des einzelnen sehr gering ist und die Bereiche B und C dominieren.

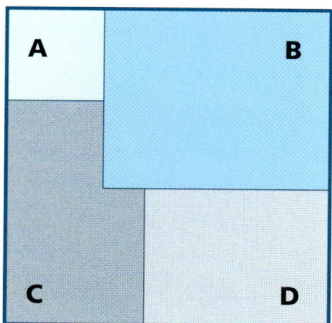 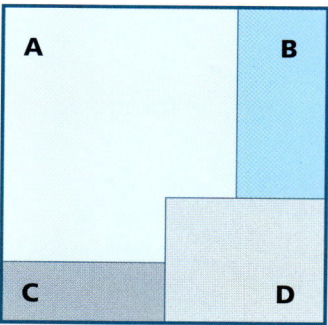

Die Ziele eines Trainings oder einer Teamentwicklung zum Beispiel, die mit Hilfe des Feedback-Prozesses erreicht werden können, sind: Quadrant B und C zu verringern und Quadrant A zu vergrößern, also Grenzen dessen, was der Bearbeitung zugänglich ist, zu verschieben und damit den Sektor der freien Aktivität zu erweitern.

Elemente eines idealtypischen Feedback-Prozesses: die Beteiligten akzeptieren das Selbstbild des/der anderen und nehmen sie/ihn ernst; sie teilen mit, wenn die eigenen Grenzen erreicht sind; sie sind dazu bereit, ihr Selbstverständnis durch das Geben und Nehmen von Feedback zu erweitern; sie hören vorurteilsfrei zu: dadurch wird der Widerstand gegen Verhaltensänderungen und die Angst vor der Bearbeitung ihrer Hintergründe verringert; es wird möglich, die eigene Situation zu reflektieren und neues Handeln/Verhalten auszuprobieren.

### Regeln für das Feedback-*Geben*:

- Bereitschaft klären, ob Feedback gewünscht
- Muß hilfreich sein: positiv/konstruktiv
- Wahrgenommenes Verhalten beschreiben
- Wirkung kennzeichnen
- Wunsch (nach Veränderung) äußern

### Regeln für das Feedback-*Nehmen*:

- Zuhören und aufnehmen
- Bei Unklarheiten nachfragen
- Nicht argumentieren, erklären, verteidigen odere entschuldigen
- Nachdenken und wirken lassen, eventuell verändern
- Bei „gutem" Feedback bedanken

Durch das Feedback-Nehmen verringern sich Ihre „blinde Flecke". Sie werden um so mehr bereit sein, über die Rückmeldungen nachzudenken, je mehr Vertrauen Sie darin haben, daß das Feedback konstruktiv gemeint ist. Aber auch wenn Sie Feedback geben, geben Sie etwas von sich preis und vergrößern damit den Bereich, in dem Sie „öffentliche Person" sind. Wenn Sie sagen: „Mich ärgert das gelegentliche Zuspätkommen von Besprechungsteilnehmern", legen Sie damit offen, daß Ihnen Pünktlichkeit ein wichtiger Wert ist. Auch diese Bereitschaft zur Selbstauskunft setzt ein Vertrauensklima voraus. Eine bestehende Arbeitsgruppe z. B. kann durch kontinuierliches und offenes Feedback-Geben und -Nehmen schrittweise eine Vertrauenskultur wachsen lassen.

**Mit Fragen steuern**

Bedeutung und Nutzen von Fragen sind Ihnen aus dem Trainingsbuch „Mit Argumenten überzeugen" bereits bestens vertraut. Dort hat der Autor den Fragearten, (öffnende oder schließende Fragen), ihren Funktionen, den Fragestrategien und- techniken ein ganzes Kapitel gewidmet (S. 49ff)

Deshalb hier nur eine kurze Zusammenfassung der Vorteile geschickt gestellter Fragen:

- sie lenken das Gespräch in die richtige Richtung

- sie signalisieren Interesse an dem/der Gesprächspartner/-in

- sie erbringen sachbezogene Informationen oder Informationen über Gesprächspartner

- sie beziehen den/die Gesprächspartner/-in mit ein

- sie bringen die Fragestellerin in die aktive Position( Wer fragt, der führt)

**Klare Ich-Aussagen statt abwertender Du-Botschaften**

Du-Aussagen oder starre Botschaften sind in der Kommunikation weitverbreitet und nicht nur in Konfliktsituationen eines der größten Probleme. Mit den Vorzügen klarer Ich-Aussagen oder subjektiver Botschaften haben Sie sich in dem Trainingbuch „Mit Argumenten überzeugen" (S. 73ff ) bereits gründlich befaßt

> *Kennzeichen für eine Du-Botschaft ist nicht das „Du" am Anfang des Satzes, sondern die Bewertung und Abwertung einer (oder mehrerer) Person(en).*

Du-Botschaft: *„Immer, wenn's drauf ankommt, hat plötzlich niemand Zeit."*

Ich-Botschaft: *„Wir brauchen zur Vorbereitung der Kampagne dringend noch ein paar Leute. Beim letzten Treffen waren wir nur zu dritt, ich fürchte, das reicht hinten und vorne nicht"*

In Ich-Aussagen sprechen Sie über sich selbst und zeigen sich mit Ihren Bedürfnissen, Gefühlen, Gedanken, Meinungen und Absichten.

Menschen sind selten bereit, sich auf eine offene und ehrliche Kommunikation einzulassen, wenn andere sie auf ihr vermeintliches oder wirkliches (Fehl-)Verhalten aufmerksam machen oder angreifen. Wenn Sie dagegen Ihre eigenen Wahrnehmungen, Bedürfnisse, Gefühle und Wünsche in das Gespräch oder die Verhandlung „einbringen", rufen Sie in der Regel positive (emotionale) Reaktionen hervor und schaffen ein vertrauensvolles Gesprächsklima. Natürlich sind auch Ich-Botschaften kein Patentrezept gegen das Scheitern von Gesprächen und Verhandlungen, denn letzten Endes sind es immer Ihre Gesprächspartner, die (so oder so) darauf reagieren müssen. Sie verbessern aber in aller Regel die Erfolgschancen.

## Verhaltensbeschreibung statt -bewertung

Eng verwandt mit den subjektiven Botschaften ist die Regel: Versuchen Sie immer, das was Sie stört, zu beschreiben statt es anderen vorzuwerfen. Statt: „Du hast mal wieder völlig gedankenlos alles offenstehen lassen" beschreiben Sie so konkret wie möglich die sinnlich wahrnehmbaren Tatsachen: „In meinem Büro standen das Fenster und die Tür offen als ich zurückkam. Durch den Luftzug wurden meine Papiere durcheinander geblasen, und ich mußte viel Zeit aufwenden, um sie wieder zu ordnen."

Die andere Person kann sich so in Ihren Ärger leichter einfühlen, weil sie mit der Aufmerksamkeit bei Ihnen bleiben kann, statt sich schon Argumente gegen Ihren Vorwurf zu überlegen.

## Erkennen von Widerstand und Abwehr

Viele Menschen haben Schwierigkeiten, sich eindeutig auszudrücken. Statt dessen teilen sie ihre Bedürfnisse in Form ihres Widerstands mit. Dieser kann in vielfältigem Gewande auftreten: in aggressiven oder selbstabwertenden Formulierungen, in Ratschlägen, Vorwürfen, Tröstungsversuchen usw. Es ist nicht immer leicht, Widerstand und Abwehr zu erkennen. Dazu braucht es Erfahrung und intensiver Übung.

Beispiele für verschiedene Arten von Widerstand:

- Alle Du-Botschaften: *„Sie sind immer gleich so empfindlich."*
- Ratschläge: *„Sie sollten das nicht so persönlich nehmen."*
- Befehle, Anordnungen: *„Ich erwarte von Ihnen, daß..."*
- Verallgemeinerungen: *„Keiner stört sich daran außer Ihnen."*

- Fakten, Gegenargumente, Informationen oder Meinungen: *„Wissenschaftliche Untersuchungen haben gezeigt, ..."*

- Killerphrasen: *„Wir haben hier wirklich keine Zeit für solchen Firlefanz."*

- Trösten – Aufheitern – Ein anderes Thema anschneiden: *„Nehmen Sie das doch nicht so tragisch. Das kann jedem mal passieren."*

- Fragen, insbesondere Warum-Fragen: *„Warum beschweren Sie sich denn gerade bei mir?"*

**Den guten Draht herstellen: Rapport-Techniken**

Haben Sie schon einmal die Beobachtung gemacht, daß Menschen, die einen guten Draht zueinander haben, ähnlich sprechen oder sich ähnlich bewegen? Oder ist Ihnen schon einmal der Spruch: *„die anderen da abholen, wo sie gerade stehen"* begegnet?

Welche Bedeutung hat „Rapport" nun für die Gesprächs- und Verhandlungsführung? Aus dem NLP ist das Modell der sog. „Strategischen Kommunikation" bekannt:

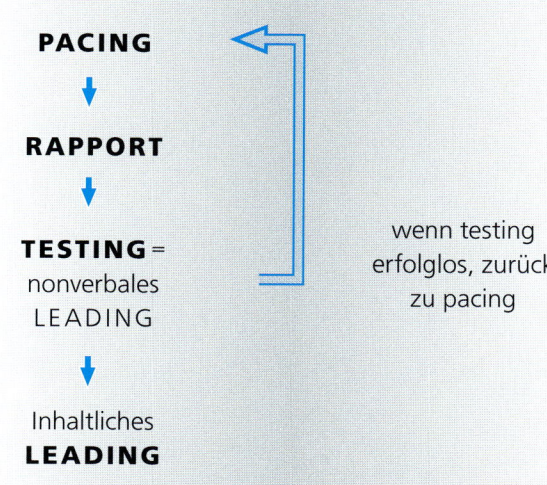

**Strategische Kommunikation**

PACING

↓

RAPPORT

↓

TESTING =
nonverbales
LEADING

wenn testing
erfolglos, zurück
zu pacing

↓

Inhaltliches
LEADING

Die Qualität eines „unmittelbaren Kontakts zwischen Personen" bezeichnet man im NLP als Rapport. Der Rapport-Begriff kommt aus dem französischen „rapport" = (Wechsel-)Beziehung, Verbindung, Übereinstimmung und beschreibt also eine intensive Beziehung in der Kommunikation, das Erleben einer Verbindung, eines Gleichklangs. „Auf der gleichen Welle schwingen", sich „im Gleichschritt befinden" oder auch „in Resonanz sein" sind andere Umschreibungen für den Rapport-Zustand.

Das Tanzpaar, das seine Bewegungen perfekt aufeinander abgestimmt hat, ist im Rapport. Die Freundesgruppe in ausgelassener Stimmung, die schon lacht, bevor der Witz zu Ende erzählt ist, ist im Rapport. Ja selbst Hund und Herrchen, deren Gesichtszüge sich im Laufe der Jahre anzugleichen scheinen, sind im Rapport.

## Pacing oder Spiegeln

Durch Pacing (Spiegeln) wird Rapport hergestellt. Es bedeutet, sich auf den anderen einzustellen, im Sprachstil, in der Sprechweise und in der Körpersprache. Sie spiegeln also für einen gewissen Zeitraum z. B. alle Bewegungen, die ihr Gegenüber macht, bis Rapport entsteht.

## Leading oder Führen

Sobald Gleichklang zwischen den beiden Gesprächspartnern besteht, können Sie das Spiegeln verlassen und nun versuchen, Ihr Gegenüber zu führen.

## Testing oder Rapport-Check

Eine subtile und wirkungsvolle Art, den Grad von Rapport in der Kommunikation zu testen, ist es, die Körperhaltung oder die Stimme zu verändern und zu beobachten, ob und in welchem Ausmaß die andere Person diese Veränderung mitmacht. Sie machen also z. B. eine Bewegung und prüfen, ob Ihre Partnerin diese mitmacht. Wenn ja, besteht Rapport und Sie können nun die Initiative auch im Gespräch übernehmen. Wenn nein, also das Testing erfolglos war, müssen Sie erneut mit dem Spiegeln beginnen.

Möglicherweise erscheint Ihnen das etwas „gekünstelt". Grundlage des Rapports ist aber die Achtung vor dem anderen Menschen. Im Alltag können Sie oft beobachten, daß Menschen, die sich in dieser Haltung begegnen, ganz automatisch die „Techniken" des Spiegelns anwenden.

## V, A, K – drei unterschiedliche Wahrnehmungstypen

Im Zusammenhang mit den Rapporttechniken aus dem NLP steht auch die Unterscheidung zwischen drei unterschiedlichen Wahrnehmungstypen. Wir nehmen unsere Umwelt mit unseren verschiedenen Sinneskanälen wahr. Dabei haben wir einen mehr oder weniger bevorzugten Kanal, auf dem wir besonders leicht ansprechbar sind: Manche Menschen lernen leichter durch Zuhören, andere durch Zusehen und wieder andere möchten möglichst die Sache selbst in die Hand nehmen und ihr Wissen gleich praktisch anwenden.

| Sinneskanal | Informationsangebot | Lerntyp |
|---|---|---|
| Auge | • Visualisierung (Schrift und Bild auf Flipchart, Tageslichtprojektor etc.)<br>• Demonstration eines Beispiels<br>• Vorführung am Modell<br>• Audio-visuelle Lehrmittel (z. B. Video)<br>• Unterlagen | Visuell |
| Ohr | • Vortrag<br>• Gespräch, Diskussion<br>• Auditive Lehrmittel (z. B. Kassetten) | Auditiv |
| Tastsinn | Selbständiges Handeln<br>• Nachmachen<br>• Üben<br>• Experimentieren<br>• Anderen erklären | Kinästhetisch |

So ist z. B. bei der Unterrichts- und Seminargestaltung darauf zu achten, daß durch den entsprechenden Einsatz von Medien und Methoden jeder Lerntyp das geboten bekommt, was ihn/sie besonders „anspricht" und seinen/ihren individuellen Lernprozeß unterstützt. Ähnliche Gestaltungsmöglichkeiten gibt es für die Verwendung von Sprache in alltäglichen Kommunikationssituationen:

Stellen Sie sich vor, Sie sitzen in einer Verhandlung einem visuellen Wahrnehmungstypen gegenüber und wollen Ihren letzten Verhandlungsvorschlag präsentieren, dann können Sie sagen: „Das ist jetzt mein abschließender Vorschlag. Können Sie sich ein Bild davon machen?" oder „Können Sie sich das vorstellen?"

Dem Verhandlungspartner mit dem auditiven Lieblingskanal können Sie sagen: „Hier mein letzter Vorschlag. Wie hört sich der für Sie an?"

Der kinästhetische Wahrnehmungstyp wird vielleicht eher auf folgende Formulierung ansprechen: „Hier präsentiere ich Ihnen meinen letzten Vorschlag. Können Sie damit etwas anfangen?"

Die Empfehlung besteht also darin, durch Herstellen von Gemeinsamkeiten und „Gleichklang" erhöhte Aufnahmebereitschaft des Gegenübers für die inhaltlichen Vorschläge zu schaffen. Dies ist auch der Unterschied zur Manipulation, die von der inhaltlichen Argumentation abstrahieren würde bzw. inhaltliche Argumentationsschwächen durch geschickte Manipulationstechniken zu kaschieren suchte. Fairer und wirkungsvoller Kommunikation geht es nicht um Ablenkung von der inhaltlichen Ebene, sondern darum, Sach- und Beziehungsebene voneinander zu unterscheiden und jede zu ihrem Recht kommen zu lassen.

Zum Schluß ein Überblick über die verschiedenen Rapport-Techniken.

**Die Rapport-Techniken im Überblick**

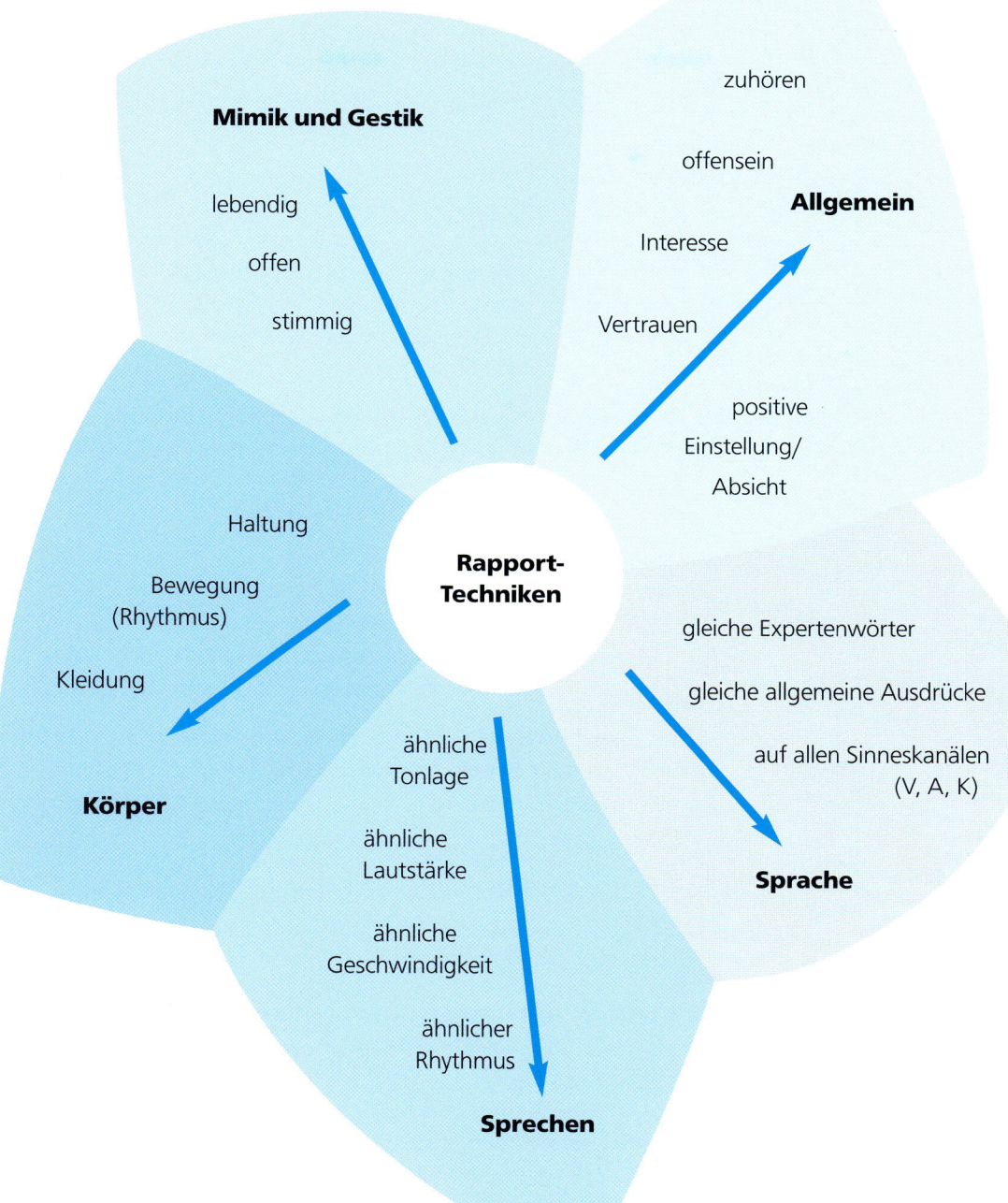

Mimik und Gestik

lebendig

offen

stimmig

zuhören

offensein

Allgemein

Interesse

Vertrauen

positive
Einstellung/
Absicht

Haltung

Bewegung
(Rhythmus)

Kleidung

Rapport-
Techniken

gleiche Expertenwörter

gleiche allgemeine Ausdrücke

auf allen Sinneskanälen
(V, A, K)

Körper

ähnliche
Tonlage

ähnliche
Lautstärke

ähnliche
Geschwindigkeit

ähnlicher
Rhythmus

Sprache

Sprechen

## Gesprächsvorbereitung

Gespräche sind nur bedingt planbar. Der Verlauf bestimmen Sie nicht alleine, sondern ebenso Ihre Gesprächspartner/-innen. Das Raster für eine Gesprächssituation kann daher immer nur ein Hilfsmittel sein. Unterstützend für die „Zielorientierung" ist es, den sog. „Zielrahmen" zu klären, s.m.a.r.t-Kriterien (S.58) für die Zielformulierung heranzuziehen und sich gründlich auf Gespräche und Verhandlungen vorzubereiten.

Gespräche werden oft ohne klare Zielsetzung geführt, oft aber auch mit Zielen überfrachtet: z. B. will jemand eine komplexe Beziehungs- und Sachproblemklärung in einem einzigen Gespräch leisten. Überlegen Sie: Was ist Ihnen im Moment am wichtigsten? Muß das Beziehungsproblem jetzt thematisiert werden? Oder läßt sich die Klärung des nachrangigen Sachproblems evtl. auf einen späteren Gesprächstermin verschieben?

In jeder Gesprächssituation gibt es essentiell wichtige Ziele, die auf jeden Fall erreicht werden müssen: nennen wir sie die „Muß-Ziele". Daneben gibt es Ziele, die zwar wünschenswert , aber nicht unabdingbar sind, nennen wir sie die „Wunsch-Ziele".

Was für Sie gilt, trifft natürlich auch für Ihre Gesprächs- oder Verhandlungspartner/-innen zu. Auch diese kommen mit mehr oder weniger bewußt formulierten Zielen in die Besprechung. Deshalb schließt eine effiziente Vorbereitung auch die Auseinandersetzung mit den wahrscheinlich zu erwartenden Überlegungen der Gesprächspartner/-innen ein.

Den sog. „Zielrahmen" in der Vorbereitung auf Gespräche zu klären, heißt dann zum Beispiel, sich die folgenden Fragen zu stellen:

- Was muß ich im Gespräch auf jeden Fall erreichen/vermeiden?
- Was möchte ich im Gespräch gerne erreichen/vermeiden?
- Was muß meine Gesprächspartnerin auf jeden Fall erreichen/vermeiden?
- Was möchte meine Gesprächspartnerin gerne erreichen/vermeiden?

Bereiten Sie sich nun unter Zuhilfenahme des Arbeitsblattes auf Ihr nächstes Gespräch/Ihre nächste Besprechung vor:

## Zielformulierung für ein Gespräch/eine Besprechung

Datum: ...............................................................................................

Teilnehmer: ........................................................................................

Ort:......................................................... Sonstiges: ...................................

Was ist mein Hauptziel bei der Besprechung? ... ... ... ... ... ... ... ... ... ...

Welche Punkte können/müssen zur Sprache kommen? ... ... ... ... ... ... ... ...

Welche Entscheidungen können/müssen getroffen werden? ... ... ... ... ... ... ...

Was muß ich erreichen (Muß-Ziel)? ... ... ... ... ... ... ... ... ... ... ... ...

Was möchte ich erreichen (Wunsch-Ziel)? ... ... ... ... ... ... ... ... ... ...

Was muß ich vermeiden? ... ... ... ... ... ... ... ... ... ... ... ...

Was möchte ich vermeiden? ... ... ... ... ... ... ... ... ... ... ...

Was muß mein Gesprächspartner erreichen? ... ... ... ... ... ... ... ... ... ...

Was möchte mein Gesprächspartner erreichen? ... ... ... ... ... ... ... ... ...

Was muß mein Gesprächspartner vermeiden? ... ... ... ... ... ... ... ... ...

Was möchte mein Gesprächspartner vermeiden? ... ... ... ... ... ... ... ... ...

Wo liegen unsere möglichen Zielkonflikte? ... ... ... ... ... ... ... ... ... ... ...

Kann ich auf der Basis der obigen Überlegungen ein Konzept erarbeiten? ... ... ... ...

Wenn nein:     Wo fehlen noch Informationen
- über den Verhandlungspartner?
- über die Organisation?

Mein Lösungsvorschlag/Angebot an ihn: ... ... ... ... ... ... ... ... ... ... ... ...

Alle vorhersehbaren Möglichkeiten sind durch die Formulierung der Muß- und Wunsch-Ziele für ein Gespräch durchdacht - die Ziele festgelegt. Wenn die Ziele hingegen nur konfus in unserer Vorstellung existieren, dann kommt es zur Verwirrung. Um dies zu vermeiden, eignen sich die s.m.a.r.t-Kriterien.

## S.m.a.r.t-Kriterien der Zielformulierung

| | |
|---|---|
| **s** pezifisch-konkret | Ist das Ziel konkret und präzise genug formuliert? „Wir wollen die Mitgliederbindung unserer Organisation erhöhen" ist kein spezifisch-konkretes Ziel. Was genau meint „Mitgliederbindung", was heißt „erhöhen?" Sie formulieren leichter spezifisch-konkret, wenn Sie das Ziel vom Ergebnis her bestimmen: „Der Text liegt am 19. Mai um 9.00 Uhr in der zwischen uns vereinbarten Ausführung auf meinem Schreibtisch" - das ist für alle nachvollziehbar und verständlich und erhöht so die Verbindlichkeit. |
| **m** eßbar | Ziele sollten meßbar sein, denn nur meßbare Ziele sind kontrollierbar. Woran erkennen Sie, daß das Ziel erreicht ist? Dies können eindeutig meßbare Größen wie z. B. Zeit oder Geld sein, aber auch qualitative Maßstäbe. Überlegen Sie genau, wie Sie messen wollen, ob Sie Gesprächs- oder Verhandlungsziele erreicht haben. |
| **a** ktiv beeinflussbar | Können Sie die Zielerreichung selbst steuern? Es nützt nichts, sich Ziele zu setzen, deren Erreichung Sie nicht oder nur unwesentlich selbst aktiv beeinflussen können. Auch bei auftretenden Störungen sollte es in Ihrem Einfluß- und Verantwortungsbereich liegen, das Ziel noch zu erreichen oder es zu revidieren und an die neuen Rahmenbedingungen anzupassen. |
| **r** ealistisch | Ist das Ziel erreichbar? Ziele dürfen ruhig hoch gesteckt sein, aber sie müssen erreichbar bleiben. Wählen Sie die Schwierigkeit der Ziele so, daß deren Umsetzung bei hoher Anstrengung Erfolg verspricht, aber mit hoher Wahrscheinlichkeit scheitert, wenn man sich keine Mühe gibt. |
| **t** iming | Wann soll das Ziel erreicht sein? Bestimmen Sie einen möglichst exakten Zeitpunkt. Definieren Sie ggf. ein genaues Datum oder eine genaue Uhrzeit (z. B. bei Besprechungen). |
| **t** owards | Das „t" bei den s.m.a.r.t-Kriterien steht dafür, Ziele eher in Richtung „hin zu" statt „weg von" zu formulieren. Wenn Sie eine Bergwanderung unternehmen, orientiert sich Ihre Wandergruppe auch eher „rauf zum Gipfel" statt „weg vom Tal". |

Eine towards-Zielformulierung wirkt attraktiver. Stellen Sie sich generell das Resultat, das Sie erreichen wollen, als eine positive Leistung vor. Manchmal hilft es auch, so zu tun, als ob das Ziel schon erreicht wäre. Dieses „mentale Probehandeln" kann andererseits aber auch helfen abzuschätzen, ob es eventuell negative Konsequenzen der Zielerreichung geben könnte. Ein positives Ziel ermöglicht es Ihnen in jedem Falle, Ihre Anstrengungen und Kräfte zu bündeln.

Ziele sollten anspruchsvoll, aber nicht unrealistisch sein, damit deren Erreichung wirklich einen Ansporn darstellt. Aus der Streßforschung wissen wir nämlich, daß die Unterforderung genauso streßerzeugend im Sinne von Langeweile sein kann wie die Überforderung. Um die Grenze zur Überforderung nicht zu überschreiten gilt andererseits das schon genannte r-Kriterium für „realistisch".

**Die Idee des Interessenausgleichs:
Das Win-Win-Prinzip**

Sie haben schon so einiges an Diskussionen, Kontroversen, Auseinandersetzungen in Ihrem Leben hinter sich gebracht? Lassen Sie diese Situationen mal einen Moment Revue passieren. Schätzen Sie mal: Wie oft haben Sie dabei Ihre Meinung/Ihre Position/Ihre Interessen durchgesetzt? Wie oft haben Sie einfach nachgegeben? Wie oft kam es zu einem fairen Kompromiß? Wenn Sie mehr als die Hälfte aller Fälle im Konsens gelöst haben, dann sind Sie auf dem besten Weg, sich die Idee des Interessenausgleichs - das sogenannte Win-Win-Prinzip - zu eigen zu machen und es als Leitprinzip Ihres Handelns auch anzuwenden.

Was besagt dieses Prinzip? Daß es für das menschliche und gesellschaftliche Zusammenleben allemal besser ist, wenn sich Menschen von Grundsatz des Interessenausgleichs, d.h. von der Haltung leiten lassen, daß unterschiedliche Bedürfnisse und Interessen sich nicht ausschließen, sondern - notfalls auch auf Dauer - nebeneinander bzw. miteinander existieren können. Auf dem Prinzip des Neben- und Miteinanders unterschiedlicher, auch gegensätzlicher Interessen beruht auch das Konzept der pluralistischen Demokratie.

Folgende Matrix zeigt, wie Menschen mit unterschiedlichen Bedürfnissen und Interessen umgehen können.

## Verhaltensmöglichkeiten bei unterschiedlichen Interessenlagen

| | | |
|---|---|---|
| **hoch** | • **Kampf**<br>• unnachgiebige **Verteidigung der eigenen Position**<br><br>Gewinner/Verlierer | • **Gemeinsames Problemlösen**<br>• **Zusammenarbeit**<br>• **Verhandlung**<br>Gewinner/Gewinner<br>**Win-Win-Situation** |
| Energie zurDurch-setzung der eigenen Bedürfnis-befriedigung | • **Vermeidung**<br>• **Flucht**<br>• **Verdrängung**<br>Verlierer/Verlierer | • **Nachgeben**<br>• **Unterwerfung**<br>• **Anpassung**<br>Verlierer/Gewinner |
| **tief** | | |

**tief**    Energie zur Unterstützung der Bedürfnisbefriedigung des Partners

Nur wenn die Energie zur Realisierung der eigenen Bedürfnisbefriedigung ebenso stark ist wie die zur Unterstützung der Bedürfnisbefriedigung der Partner/-in, also im Falle einer auf Interessenausgleich ausgerichteten Problemlösung ist eine Win-Win-Situation erreichbar. Die restlichen Quadranten zeigen Situationen, in denen es Gewinner und Verlierer oder nur Verlierer gibt, wenn die aktive Bewältigung eines Bedürfnis- oder Interessenkonflikts vermieden oder gar dessen Vorhandensein geleugnet und verdrängt wird.

Die Idee des Interessenausgleichs verdankt ihre Existenz nicht nur rationalen verhaltensstrategischen Überlegungen, sondern ist eine Frage der Einstellung, der Grundhaltung. Sie müssen keineswegs blauäugig die ungleiche Verteilung von Lebenschancen (Gesundheit, Schönheit, Intelligenz etc.) oder gesellschaftlicher Ressourcen (Bildung, Geld, Macht, Teilhabe) leugnen, um eine engagierte Anhängerin des Win-Win-Prinzips zu werden. Sie müssen sich nur von der weitverbreiteten, aber falschen Vorstellung lösen, daß es im Leben immer nur Nullsummenspiele gibt. Möglichkeiten zu einem Kompromiß bestehen fast immer, und in vielen Fällen gibt es sogar Chancen auf eine „echte" Win-Win-Situation, die für die Beteiligten noch vorteilhafter ist als der Kompromiß. (vgl. dazu das Beispiel auf S. 70)

## Win-Win- Situation

**A gewinnt
B verliert**

**Win-Win-Situation**
Beide gewinnen

**Kompromiß**
Nutzen für beide

**Keiner-gewinnt-
Situation**
Kein Nutzen
für beide

**B gewinnt
A verliert**

**Bei allen schwierigen Verhandlungen sollte man nicht damit rechnen, sofort nach der Aussaat zu ernten; man muß die Sache vorbereiten und sie allmählich reifen lassen.**

Sir Francis Bacon

# Sachgerecht und fair verhandeln mit Harvard

## Die Kunst des Verhandelns

Verhandeln ist Bestandteil unseres Lebens. Die Tarifpartner verhandeln über Löhne und Arbeitsbedingungen, Politiker/-innen über Entscheidungen und Gesetze, Familienmitglieder über das nächste Ferienziel oder darüber, wer das Bügeln der Hemden übernimmt.

„Verhandeln ist eine Kunst" sagt Professor Roger Fisher, Dozent für internationale Beziehungen an der Harvard Law School in den USA und Leiter des sogenannten Harvard Negotiations Projects. Diese Kunst ist erlernbar. Sie besteht darin, Lösungen zu finden, die der Komplexität der Situation und den unterschiedlichen Interessen gerecht werden. Einsatz von Macht führt oft zu ineffektiven Lösungen. Besser ist es, Lösungen mit einer konstruktiven Verhandlungsmethode zu finden.

Wir sprechen von Verhandeln, wenn

- Personen/Parteien
- miteinander kommunizieren,
- um zu einer Problemlösung/Einigung zu kommen.

Die Qualität einer Verhandlung bemißt sich nach:

- ihrer Effektivität (Qualität des Resultats)
- ihrer Effizienz (Zeitökonomie)
- dem Verhandlungsklima (Qualität der Beziehung)

Ein gutes Verhandlungsergebnis ist:

- Klar, d.h. eindeutig in der Auslegung
- Realisierbar, d.h. kein Luftschloß
- Fair, d.h. niemand wird übers Ohr gehauen
- Zweckdienlich, d.h. es nützt mir und allen Beteiligten
- Interessenausgleichend

Im Harvard Negotiation Project wurden zahlreiche Verhandlungen intensiv ausgewertet und auf ihre mehr oder weniger erfolgversprechenden Momente in der Verhandlungsführung hin untersucht. Die sog. ,,Harvard-Studien" führten zum Schluß, daß es immer dieselben Faktoren sind, die aus Verhandlungen einen Erfolg oder Mißerfolg machen, unabhängig von den jeweiligen Umständen, Verhandlungspartnern oder der Zeit.

Aus diesen Erfolgsfaktoren entwickelte Fisher mit seinen Mitarbeitern eine leicht verständliche Verhandlungsmethodik, die auf fünf Prinzipien beruht und die das heute wahrscheinlich am weitesten verbreitete Verhandlungsmodell darstellt.

Das Harvard-Verhandlungsmodell beendet damit auch einen Streit zwischen den zwei „Schulen" der Verhandlungsführung, der darum ausgefochten wurde, ob man „hart" oder „weich" verhandeln sollte. Die Antwort des Harvard-Modells: hart in der Sache und weich auf der Beziehungsebene. Harvard ist damit eine Methode fairen Verhandelns, die bestimmt ist in der Sache, aber um des Erfolgs willen auf gegenseitigen Respekt zwischen den Verhandlungspartnern und die Anerkennung ihrer legitimen Interessen Wert legt. Dadurch werden zwei Ziele erreicht: ein optimales Verhandlungsresultat und eine optimale Beziehung zu Verhandlungspartner/-innen.

Das Konzept basiert auf einer Reihe von Voraussetzungen, die Sie beachten müssen, wenn Sie effizient und erfolgreich verhandeln wollen.

**Die fünf Prinzipien des Harvard-Verhandlungsmodells**

**Prinzip 1**

> **Unterscheiden Sie zwischen dem Verhandlungs-gegenstand einerseits und der Beziehung zwischen den Verhandlungspartnern andererseits!**

Eine störungsfreie Beziehung ist eine Voraussetzung für eine effiziente Bearbeitung von Sachproblemen.

Beispiel: Ein Parteimitglied ist unzufrieden mit dem Vorstand. Hier sind zwei Möglichkeiten, wie er das zur Sprache bringen kann. Überlegen Sie, wie das Gespräch jeweils weitergeht.

1. Variante: „*Ihr seid total unzuverlässig. Eure Texte für die Pressemit-teilung waren schon wieder nicht rechtzeitig da. Und bei der näch-sten Sitzung krieg ich dann die Prügel dafür, daß nichts in der Zei-tung stand.*"

Wie wird das Gespräch vermutlich weitergehen?

_____

_____

_____

2. Variante: „*Die Texte, die ich für die Pressemitteilung brauchte, waren nicht rechtzeitig da. Das ist jetzt schon das dritte Mal in diesem Jahr. So kann ich keine vernünftige Pressearbeit machen. Wie können wir das zukünftig vermeiden?*"

Wie wird das Gespräch vermutlich weitergehen?

_____

_____

_____

Im ersten Beispiel werden die anderen sich rechtfertigen. Durch Schuldzuweisungen werden menschliche und sachliche Punkte der Angelegenheit vermischt. Im zweiten Beispiel wird der Dialog höchstwahrscheinlich auf einer sachlicheren Ebene fortgesetzt.

Sie sind in diesem Trainingsbuch schon öfter der Empfehlung begegnet, Sach- und Beziehungsprobleme nicht miteinander zu vermischen. Das gilt natürlich auch und gerade für Verhandlungen. Die meisten Verhandlungen finden im Rahmen einer dauerhaften Beziehung statt. Es ist daher wesentlich, jede Verhandlung so zu führen, daß künftige Beziehungen und Verhandlungen nicht beeinträchtigt werden.

Deshalb die Empfehlungen:

- Überprüfen Sie die Beziehungen zum Verhandlungspartner: sind sie auf wechselseitiges Vertrauen, wechselseitige Akzeptanz und funktionierende Kommunikation gegründet?

- Erkennen Sie Beziehungsprobleme und behandeln Sie sie getrennt von den Sachproblemen.

- Bereinigen Sie nach Möglichkeit allfällige Beziehungsprobleme, bevor Sie mit der Bearbeitung von Sachproblemen beginnen.

- Seien Sie vorsichtig mit Interpretationen und Unterstellungen! Fragen Sie gegebenenfalls nach, wie die Partner die Verhandlungsbeziehung erleben und an welcher Stelle Störungen wahrgenommen werden.

**Prinzip 2**

> ### Konzentrieren Sie sich nicht auf Positionen, sondern auf die dahinterliegenden Interessen!

Eine Position ist die Erklärung einer Verhandlungspartei, was diese unter welchen Bedingungen tun oder unterlassen wird. Sie drückt somit eine bereits getroffene Entscheidung aus.

Ein Beispiel für den Unterschied zwischen Positionen und Interessen:

*„Von den Bewerbern, die sich für die freie Stelle in meiner Gruppe melden, kommen nur diejenigen mit langjähriger Berufserfahrung in die engere Wahl."*

Die Position des Verhandlungspartners könnte dagegen lauten:

*„Für die freie Stelle kommt nur ein Hochschulabgänger in Frage."*

Auf der Ebene dieser gegensätzlichen Positionen ist eine Lösung nicht erreichbar. In diesem Fall ist es sinnvoll, eine Ebene tiefer zu gehen, denn Verhandlungspartner/-innen vertreten mit der Position, die sie einnehmen, ein bestimmtes Interesse, ein Motiv, etwas, was ihm/ihr wichtig ist, was er/sie sich wünscht oder was er/sie zu vermeiden trachtet.

Das Interesse hinter der ersten Position könnte so lauten:

*„Ich möchte, daß unser Team Probleme professionell löst."*

Hinter der Gegenposition könnte hingegen folgendes Interesse stehen:

*„Wir brauchen Leute, die Potential haben, aber noch nicht zu teuer sind."*

Positionen markieren zwar Stärke, offenbaren aber oft nur Schwäche, weil sie der Befürchtung entspringen, mit einem schlechten Resultat aus der Verhandlung zu gehen. Hinter jeder Position verbirgt sich aber ein Interesse, das legitime Anliegen jedes Verhandlungspartners. Weg von Standpunkten hin zu Interessen: das erweitert das Spektrum der Lösungsmöglichkeiten.

Im Beispiel könnte die Lösung darin liegen, jemanden zu finden, der/die gut ausgebildet ist, etwas Berufserfahrung und gute Referenzen hat, so daß er/sie einerseits nicht zu teuer, andererseits aber bald voll einsatzfähig ist.

Wenn man die eigenen Interessen offen darlegt, ohne Position zu beziehen, und die Positionen der Gegenseite auf die dahinterliegenden Interessen hinterfragt, können Vorstellungen entwickelt werden, die den Interessen beider Parteien gerecht werden.

Auf der Ebene der Interessen läßt sich leichter miteinander sprechen. Auch scheinbar gegensätzliche Positionen können auf der Interessenebene zu einfachen Lösungen führen. Beispiel:

Zwei Personen streiten in der Bibliothek. Der eine möchte das Fenster offen haben, der andere geschlossen. Sie zanken herum, wie weit man es öffnen soll: einen Spalt weit, halb, dreiviertel offen. Keine Lösung befriedigt beide. Die Bibliothekarin kommt herein. Sie fragt den einen, warum er denn das Fenster öffnen möchte. Er antwortet: *„Ich brauche frische Luft."* Sie fragt den anderen, warum er das Fenster lieber geschlossen halten will: *„Wegen der Zugluft."* Nach kurzem Nachdenken öffnet sie im Nebenraum ein Fenster, auf diese Weise kommt frische Luft herein, ohne daß es zieht.

Gemeinsame Interessen gibt es fast immer. Sogar in jenen Fällen, wo offensichtlich keine gemeinsamen Interessen vorhanden sind, ist es ein gemeinsames Interesse, eben dies festzustellen, aufzustehen und sich mit einem herzlichen Händedruck zu verabschieden.

Es geht nicht darum, den eigenen Willen durchzusetzen. Das Ziel ist es, beiderseitigen Interessen zu dienen. Auf diese Art bleibt die Beziehung intakt, ebenso die Aussicht auf eine eventuelle fruchtbare Verhandlung in einem anderen Fall zu einer anderen Zeit. Mit der Suche nach gemeinsamen Interessen wird die Basis für eine Win-Win-Situation gelegt!

Manchmal sind der Gegenseite die hinter den bezogenen Positionen liegenden eigenen Interessen selbst nicht ausreichend bewußt. Durch entsprechende Gesprächsführungstechniken (aktives Zuhören, offene Fragen, nondirektives Vorgehen) können die Verhandlungspartner bei der Bewußtwerdung und Offenlegung ihrer Interessen unterstützt werden, um damit eine gemeinsame Basis für eine Verhandlungsübereinkunft zu gewinnen.

Deshalb die Empfehlungen:

- Legen Sie die eigenen Interessen offen dar, ohne vorschnell Positionen zu beziehen, die Sie ohne Gesichtsverlust nicht mehr verlassen können.

- Hinterfragen Sie die Positionen der Gegenseite auf die dahinterliegenden Interessen und erkennen Sie diese auch an..

- Entwickeln Sie Vorstellungen, die den Interessen beider Parteien gerecht werden.

**Entwickeln Sie zuerst möglichst viele Optionen, bewerten und entscheiden Sie später!**

Diesen Schritt kennen Sie bereits aus der Problemlösungstechnik. Oft wird die Kreativität der Beteiligten unnötig eingeschränkt, weil geäußerte Lösungsvorschläge vorschnell diskutiert und bewertet werden. Viele Problemlösungstechniken trennen daher den Prozeß der Ideenfindung vom Prozeß der Ideenbewertung, so auch der innovative Prozeß, den wir Ihnen im Trainingsbuch „Neues Wagen" vorgestellt haben. Beispielsweise werden im Brainstorming-Verfahren zunächst alle (auch unsinnig oder unrealisierbar erscheinende) Vorschläge gesammelt, um sie in einem zweiten Schritt zu sortieren und auf Realisierbarkeit hin zu prüfen.

Dieses Verfahren macht sich das dritte Harvard-Prinzip zunutze. Je mehr kreative Ideen, Optionen oder Alternativen, desto größer die Chance für Problemlösungen, die den Interessen aller beteiligten Parteien gerecht werden.

Beispiel: Zwei Kinder streiten sich über eine Orange. Nachdem die Mutter den Streit beendet hatte, indem sie die Frucht halbierte, nahm ein Kind die Hälfte, aß die Orange und warf die Schale weg. Das andere Kind warf statt dessen das Innere weg und benutzte die Schale, weil es sie nur zum Kuchenbacken brauchte.

Viel zu viele Verhandlungen enden mit der halben Orange für jede Seite statt der ganzen Frucht für die eine und der ganzen Schale für die andere Seite.

Nehmen Sie sich also Zeit für die Suche und schaffen Sie die Voraussetzungen für Kreativität - der Aufwand lohnt sich immer!!

Deshalb die Empfehlungen:

- Geben Sie sich nicht mit der erstbesten Lösung zufrieden, sondern suchen Sie immer nach weiteren Möglichkeiten, Modellen, Varianten etc.

- Suchen Sie ganz bewußt nach Optionen, die besonders den Interessen der Gegenpartei gerecht werden („kreative Frage" formulieren!).

- Schieben Sie vorschnelle Urteile und Stellungnahmen im Sinne der Zustimmung oder Ablehnung so lange auf, bis das Kreativitätspotential aller beteiligten Personen ausgeschöpft ist.

- Trennen Sie sich von der Idee „der" richtigen Lösung, gehen Sie davon aus, daß es immer eine Vielzahl möglicher Lösungen gibt.

- Machen Sie die Probleme der anderen zu Ihren eigenen, statt daran festzuhalten, daß die anderen ihre Probleme gefälligst selbst lösen sollen.

**Prinzip 4**

## Ziehen Sie allgemein gültige Normen oder Grundsätze als objektive Entscheidungskriterien heran!

Konflikte entstehen aus gegenläufigen, einander widersprechenden Interessen der Verhandlungsparteien. Erfolgt die Beilegung eines Interessenkonflikts nach dem „Gesetz des Stärkeren" (= Macht bzw. Willkür), gibt es immer Sieger und Verlierer.

Ziel ist es aber, daß beide Seiten nach der Verhandlung Gewinner sind. Sollten trotz der Suche nach gemeinsamen Interessen als Basis einer möglichen Verhandlungsübereinkunft immer noch konfligierende Interessen übrigbleiben, kann man allgemein gültige Normen, anerkannte Standards oder Grundsätze als objektive Entscheidungskriterien heranzuziehen versuchen, weil sie von den subjektiven Interessen jeder einzelnen Verhandlungspartei unabhängig sind und für alle beteiligten Verhandlungsparteien gültig und damit verbindlich sein können.

Beispiel: Jemand will einen Gebrauchtwagen kaufen und bietet deutlich weniger, als der Verkäufer haben möchte. Hier helfen objektive Kriterien einen angemessenen Preis zu ermitteln. Zum Beispiel Alter, Kilometerleistung, Wartungsnachweis, Unfallfreiheit, Schwacke-Liste etc.

Sie können einen Streitfall auch zur gemeinsamen Suche nach objektiven Kriterien umfunktionieren:

Wenn Sie um ein Haus verhandeln, sagen Sie am besten: „*Sehen Sie, Sie fordern einen hohen Preis, und ich biete einen niedrigen. Wir wollen herausfinden, welcher Preis nun fair ist. Welche objektiven Kriterien wären hier wohl am wichtigsten?*"

Für die meisten Fälle sind verschiedene objektive Kriterien auffindbar, z. B. Marktwert, vergleichbare Fälle, Kosten etc. Am hilfreichsten sind jedoch immer diejenigen, die von beiden Seiten als fair empfunden werden.

Faire Kriterien lassen sich nicht nur in bezug auf den Inhalt einer Verhandlung anwenden, sondern auch für das Verfahren.

Ein Beispiel dafür ist die alte Methode, ein Stück Kuchen zwischen zwei Kindern zu teilen: Das eine zerschneidet den Kuchen, das andere darf sich ein Stück auswählen.

Möglichkeiten für verbindliche Kriterien auf Verfahrensebene sind die Wahl eines Schlichters oder die vorherige Vereinbarung, in strittigen Einzelfragen das Urteil eines Schiedsgerichts zu akzeptieren.

Auch die parlamentarische Demokratie funktioniert nach diesem Prinzip: durch die Legitimität des Verfahrens (z. B. Mehrheitsentscheidung) soll auch die Legitimität und Akzeptanz der Ergebnisse gesichert werden. Demokratische Entscheidungsprozesse sollen so von anderen Einflußfaktoren (z. B. Macht, Geld) unabhängig bleiben.

Ein vergleichbarer Gedanke liegt dem Harvard-Tip zugrunde, Interessenkonflikte durch das Hinzuziehen objektiver Kriterien zu lösen. Dies gilt insbesondere, wenn man sich in der schwächeren (Macht-)Position befindet und die Gegenpartei Druck auszuüben versucht.

Deshalb die Empfehlungen:

- Funktionieren Sie jeden Streitfall zur gemeinsamen Suche nach objektiven Kriterien um.

- Argumentieren Sie vernünftig - und seien Sie selbst offen gegenüber solchen Argumenten, die auf einsichtigen Kriterien beruhen und die nahelegen, wie man sie entsprechend umsetzen soll.

- Geben Sie niemals irgendwelchem Druck nach, beugen Sie sich nur Prinzipien und anerkannten Standards.

**Prinzip 5**

**Entscheiden Sie sich für oder gegen
eine Verhandlungsübereinkunft durch den Vergleich
mit Ihrer besten Alternative!**

Eine weitere wichtige Möglichkeit, sich gegenüber möglichen Druckmitteln mächtiger Verhandlungspartner unabhängiger zu machen, ist die Entwicklung von Alternativen zum Verhandlungsergebnis.

Eine Frau sucht eine neue Arbeitsstelle und verhandelt mit dem Personalchef eines Unternehmens über die Gehaltsvorstellungen beider Seiten. Der Verlauf des Gesprächs wird ganz unterschiedlich sein, je nachdem ob die Frau mindestens ein weiteres Angebot - die sogenannte beste Alternative - oder gar zwei weitere Offerten in der Hinterhand hat oder nicht.

Eine Verhandlungsübereinkunft ist nur dann ein Erfolg, wenn sie besser als die beste Alternative ist. Verlangen Sie von niemandem, einem Verhandlungsergebnis zuzustimmen, das schlechter als die beste Alternative ist. Die beste Alternative wirkt weder für noch gegen den Verhandlungspartner, macht aber unabhängiger gegenüber möglichen Druckmitteln der anderen Partei.

Deshalb die Empfehlungen:

- Suchen Sie nach Alternativen zur bestmöglichen Verhandlungsübereinkunft.

- Stimmen Sie nur dann einer Verhandlungslösung zu, wenn diese besser als die beste der möglichen Alternativen ist.

- Prüfen Sie, ob die andere Seite zu einer der vorgeschlagenen Verhand-lungslösungen keine bessere Alternative hat.

Diese Prinzipien sollten Sie bei Verhandlungen beachten. Denken Sie daran, daß in Verhandlungen das Zuhören genauso wichtig ist wie das Sprechen. Durch aufmerksames Zuhören, durch klärende Fragen und Zusammenfassungen im Laufe des Gespräches schaffen Sie eine positive Gesprächsatmosphäre und gelangen Sie zu Informationen, die Ihnen vorher verborgen blieben.

Hier das Verfahren als Entscheidungsbaum:

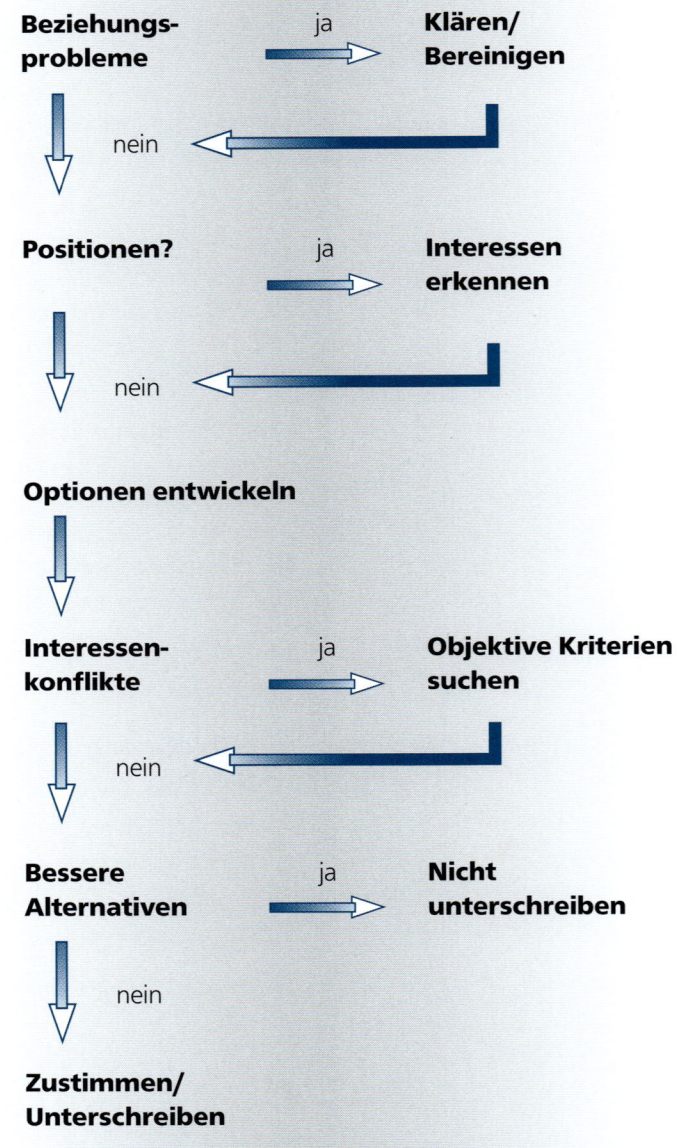

**Fragen und Antworten zum Harvard-Konzept**

**Garantiert mir die Anwendung des Harvard-Konzepts den Erfolg bei Verhandlungen?**

Wenn Sie Philosophie und Regeln des Harvard-Konzeptes kennen und befolgen, sind Sie noch kein „Allround-Verhandler", der den Erfolg schon sicher im Kasten hat. Dafür gibt es mehrere Gründe:

Erstens: Die Technik des Harvard-Konzepts zu verstehen heißt nicht, diese im Alltag jederzeit anwenden zu können. Denn Verhandeln hat mit Wissen, Fähigkeiten und Verhalten zu tun, auch mit Erfahrung und Routine. Sie lernen nur durch Verhandlungspraxis und reflektierte Übung in konzentrierter Form, verarbeiten neue Erkenntnisse oder finden heraus, - auch dies kommt vor - warum Sie schon immer eine gute Verhandlerin waren!

Zweitens: Auch die ausgefeilteste Verhandlungsstrategie kann sich als zahnlos erweisen bei:

- tiefgreifenden, lange bestehenden ökonomischen, sozialen und politischen Interessengegensätzen und -konstellationen.

- Konfliktsituationen, in denen die Konfliktparteien (oder mindestens eine davon) das Scheitern der Verhandlungen gezielt herbeiführt, weil dies Teil ihrer Strategie ist.

- extremer Asymmetrie der Konfliktpartner, d. h. wenn eine Seite so mächtig oder im Vorteil ist, daß sie statt zu verhandeln eigentlich lieber diktieren würde.

**Wie schütze ich mich vor der Macht der Gegenseite?**

Viele Verhandelnde versuchen sich durch die Festsetzung einer Art von „Limit" zu schützen: z. B. beim Verkauf eines Hauses soll der vorgesehene Verkaufspreis von 650 000 DM um nicht mehr als 50000 DM unterschritten werden.

Die Festsetzung eines Limits kann Sie zwar vor dem Abschluß eines schlechten Übereinkommens bewahren, aber es kann Sie gleichzeitig auch von der Entwicklung eines Lösungsvorschlags abhalten, das Sie klugerweise annehmen sollten. Ein Limit erweist sich meistens als zu unbeweglich und wird auch gerne zu hoch festgesetzt.

Deswegen: Verschaffen Sie sich Klarheit über die „Beste Alternative"!

- Die Beste Alternative ist flexibel genug zur Erkundung phantasievoller Lösungen.

- Statt jede Lösung unterhalb Ihres Limits auszuschließen, können Sie jeden Vorschlag mit ihrer Besten Alternative vergleichen und damit abschätzen, was Ihren Interessen mehr dient.

- Die Befugnisse werden zwar wie beim Limit eingeschränkt, allerdings besteht hier ein größerer Verhandlungsspielraum.

  Beispiel: Ein Agent erhält den Auftrag, keinesfalls unter 190 000 DM zu verkaufen, ehe er nicht Rücksprache gehalten hat.

## Wie sichere ich mich gegen absichtlichen Betrug ab?

Die häufigste Form ist die Täuschung über Tatsachen, Zuständigkeiten und Absichten:

- Um gefälschten Fakten entgegenzuwirken, machen Sie den Verhandlungsprozeß unabhängig von der Frage des Vertrauens. Überprüfen Sie die Angaben der Gegenseite.

- Wenn Sie sich über die Vollmacht Ihres Verhandlungspartners nicht im klaren sind, dann nehmen Sie sicherheitshalber an, daß er/sie nicht unbedingt Entscheidungsbefugnis hat. Es ist völlig legitim nachzufragen: „Welche Vollmachten haben Sie denn in diesen Verhandlungen ?"

- Sind Sie im Zweifel, ob die Gegenseite sich wirklich an das Abkommen halten will oder wird, kann man entsprechende Klauseln in die Übereinkunft einbauen.

Sie sollten sich allerdings darüber im klaren sein, daß absichtlicher Betrug über Fakten oder Absichten etwas anderes als Verschweigen eigener Gedanken ist. Glaubwürdiges Verhandeln erfordert keineswegs ständige Enthüllungen.

## Was tue ich gegen psychologische Kriegsführung?

Taktiken dieser Art sollen es Ihnen unbehaglich machen, so daß Sie den unbewußten Wunsch nach möglichst baldigem Ende der Verhandlungen bekommen.

- Versuchen Sie sich klar darüber zu werden, ob Sie unter Streß stehen; und wenn ja, warum. (Ist der Raum zu laut, die Temperatur zu hoch oder zu niedrig, keine Gelegenheit mehr für ein vorbereitendes Gespräch mit einer Kollegin? Dann sorgen Sie, wenn möglich, für Abhilfe oder verlangen Sie eine Unterbrechung/Vertagung)

- Die Gegenseite kann Ihnen aber auch mit Hilfe verbaler oder non-verbaler Kommunikationssignale unbehagliche Gemütszustände verschaffen:

  — durch Bemerkung über Ihren Auftritt (Kleidung/Erscheinung)

  — indem man Sie warten läßt

  — indem man Verhandlungen unterbricht und sich mit anderen Leuten befaßt

  — indem man Sie als inkompetent behandelt

  — indem man Ihnen nicht zuhört und Sie um Wiederholung bittet

  — indem man den Augenkontakt mit Ihnen meidet

Bereits das Erkennen solcher Taktiken schwächt sie in ihrer Wirkung ab.

- Einer spielt den „Guten", der andere den „Bösen"

Auch dieses Spiel, bekannt aus Polizeiverhören in Fernsehfilmen, ist eine Form psychologischer Manipulation. Wenn Sie es durchschauen, werden sie kaum mehr darauf hereinfallen.

Fragen Sie sowohl den „Bösen" als auch den „Guten", nach welchen Kriterien er seine Position eingenommen hat.

- Drohungen erscheinen leicht anwendbar. Man braucht nur ein paar Worte dazu, und wenn diese wirken, muß man die Drohung auch nicht verwirklichen. Drohungen sind eine Form von Druck. Und Druck bewirkt in der Regel Gegendruck. Gute Verhandelnde nehmen selten zu Drohungen Zuflucht. Es gibt andere Wege, dieselbe Information der anderen Seite zu vermitteln. Warnungen sind viel legitimer als Drohungen und vor allem nicht so anfällig gegenüber Gegendrohungen. Die beste Anwort auf Drohungen ist wohl die sachbezogene: „Ich verhandle nur über Inhalte. Ich bin bekannt dafür, daß ich niemals auf Drohungen reagiere."

## Was tue ich gegen „Druck auf Positionen"?

Diese Taktik zielt auf die Schaffung einer Situation, in der nur eine der beiden Seiten Zugeständnisse machen kann.

- Weigert sich die Gegenseite zu verhandeln, dann sprechen Sie zuerst über die Weigerung selbst. Greifen Sie die anderen wegen dieser Verweigerung nicht an, versuchen Sie aber herauszufinden, welche Interessen die anderen zum Nichtverhandeln veranlassen. Schlagen Sie ein paar Wahlmöglichkeiten vor, etwa Verhandlungen über Dritte, briefliche Verhandlungen, oder ermuntern Sie nicht betroffene Personen, wie etwa Journalisten, die Streitfrage zu diskutieren.

- Viele Verhandelnde beginnen mit extremen Vorschlägen. Damit sollen Ihre Erwartungen heruntergeschraubt werden. Wenn Sie die Forderungen allerdings als überzogen durchschauen, so untergräbt die Gegenseite damit die eigene Glaubwürdigkeit. Auch hier ist es sinnvoll, diese Taktik aufzudecken und zu artikulieren. Fragen Sie nach sachbezogener Rechtfertigung für die vertretene Position.

- Wenn plötzlich Streitpunkte auftreten, die Sie schon für beigelegt hielten, beabsichtigt die Gegenseite, das gemachte Zugeständnis wieder einzuschränken und den psychologischen Effekt, daß Sie, um neue Forderungen der anderen zu vermeiden, zu einer schnellen Einigung bereit sind.

Wenn Sie eine derartige Taktik erkennen, lassen Sie es die Gegenseite wissen, und unterbrechen dann die Verhandlungen, um sich klar zu werden, ob und auf welcher Basis Sie überhaupt fortfahren wollen. Damit verhindern Sie eine impulsive Reaktion und machen die Gegenseite gleichzeitig darauf aufmerksam, wie wichtig Ihnen die Sache ist. Sie werden sehen, daß alle viel ernsthafter verhandeln, wenn Sie zurückkommen.

- Was immer Sie auch tun, vermeiden Sie, daß diese Festlegung zu einer zentralen Frage wird. Spielen Sie sie herunter, so daß die Gegenseite sich unauffälliger daraus zurückziehen kann.

Empfehlungen:

- Unterbrechen Sie die Vermittlungswege (die Kommunikation ganz allgemein).

- Interpretieren Sie die angeblich unveränderbar gewordene Position so, als wäre sie gar nicht so unverrückbar.

- Lockern Sie die Situation durch einen Witz auf und nehmen Sie die Festlegung der anderen Seite einfach nicht ernst.

- Weisen Sie solche Festlegungen sachbezogen zurück.

• Behaupten Sie, Sie selbst würden keine Einwände gegen die Vorschläge haben, aber der dickköpfige Partner. Durchschauen Sie die Taktik, diskutieren Sie sie jedoch nicht mit dem Verhandlungspartner. Versuchen Sie aber, mit ihm über das dahinterstehende Grundprinzip einig zu werden und dann sprechen Sie, wenn möglich, mit dem „dickköpfigen Partner".

• Häufig schieben Verhandlungspartner die Entscheidung auf, bis sie denken, es sei ein günstiger Zeitpunkt in Sicht.

Das Warten auf den „günstigen Augenblick" kann sehr teuer werden. Natürlich müssen Sie auch hier die Taktik einsehbar machen und darüber verhandeln. Außerdem sollten Sie aber auch der Gegenseite zeigen, daß deren Chancen schwinden.

## Wie verhandle ich über Spielregeln, wenn die Gegenseite schmutzige Tricks anwendet?

Man handelt Spielregeln für die Verhandlung in drei Schritten aus:

• die Taktik erkennen: Gewöhnen Sie sich bestimmte Erkenntnismethoden an, die Sie auf Betrugsmanöver hinweisen. Zur Ausschaltung einer Taktik genügt es oft schon, sie zu durchschauen.

• den Streitpunkt artikulieren: Haben Sie die Taktik durchschaut, dann sprechen Sie mit der Gegenseite darüber. Dadurch nehmen Sie dieser nicht nur viel von ihrer Wirkung, sondern sorgen auch dafür, daß die Gegenseite befürchten muß, Sie total zu verärgern. Manchmal reicht es ganz einfach, die Frage nach der Taktik zu stellen, um ihre weitere Anwendung zu verhindern.

• die Legitimität und Annehmbarkeit der Taktik hinterfragen und darüber dann verhandeln: Das Wichtigste bei der Artikulation der Taktikfrage besteht dabei darin, daß Sie eine Möglichkeit bekommen, die Spielregeln zum Verhandlungsgegenstand zu machen. Diese Verhandlung bezieht sich auf die Verfahrensweise und nicht auf die Inhalte.

**Vorbereitungs-Check für Ihre nächste Verhandlung**

| Menschen und Sachprobleme getrennt voneinander behandeln! |
| --- |

- Welches „Framing" hat die Verhandlungssituation (Vorgeschichte, Spielregeln, Vorannahmen, Kultur...), und wer wird die Verhandlung führen?

_____

_____

_____

- Wer ist an der Verhandlung beteiligt (Personen, Parteien, Interessengruppen)?

_____

_____

_____

- Wie schätzen Sie Ihre Verhandlungspartner (Menschen, Kompetenzen, Funktionen, Motive) ein?

_____

_____

_____

- Wie werden Sie wohl von Ihren Verhandlungspartnern (vergangene Verhandlungen) eingeschätzt?

_____

_____

_____

- Gibt es zwischenmenschliche Probleme? Welche? Warum? Was muß getan werden, um sie zu bereinigen?

_____

_____

_____

- Welche Fakten zum Verhandlungsgegenstand sind noch nicht geklärt?

_____

_____

_____

- Gibt es Schwierigkeiten in der Kommunikation? Wenn ja? Welche? Gründe? Wie könnten diese beseitigt oder gemildert werden?

_____

_____

_____

- Gibt es unterschiedliche Vorstellungen über Werte oder über Gegenstand, Ziel, Art und Ablauf der Verhandlung?

_____

_____

_____

- Wie könnte eine Vermischung von menschlichen und sachlichen Problemen entflechtet werden?

_____

_____

_____


**2. PRINZIP:**

## Auf Interessen konzentrieren, nicht auf Positionen!

- Hat die andere Seite bereits eine Position bezogen? Wenn ja, welche?

_____

_____

_____

- Wie kann ich verhindern, selber eine Position zu beziehen?

_____

_____

_____

- Welche Interessen oder Vorstellungen stehen wohl hinter dieser Position?

_____

_____

_____

- Welches sind meine Interessen? Welche Interessen könnten die Verhandlungspartner haben?

_____

_____

_____

- Welche Interessen haben wir gemeinsam?

_____

_____

_____

- Welche Interessen widersprechen sich?

_____

_____

_____

**3. PRINZIP:**

## Optionen zum beiderseitigen Vorteil entwickeln!

- Wie könnte eine „kreative" Frage zur Generierung von Optionen lauten? Welche Lösungsmöglichkeiten sind denkbar?

_____

_____

_____

- Welche Lösungen können den Interessen aller beteiligten Parteien am ehesten gerecht werden?

  _____

  _____

  _____

- Was kann ich tun, damit Optionen nicht zu früh bewertet werden?

  _____

  _____

  _____

- Wie kann ein „Handel" mit Optionen vermieden werden?

  _____

  _____

  _____

**4. PRINZIP:**

> **Interessenkonflikte durch Hinzuziehen von „objektiven Kriterien" lösen!**

- Welche interessenunabhängigen Normen/Werte, Standards, Rechtsgrundsätze usw. lassen sich für den Fall finden?

  _____

  _____

  _____

- Welche Normen rechtfertigen und schützen meine Interessen, welche die der Gegenpartei?

_____

_____

_____

- Welche „(Schein-)" Argumente gefährden die Austragung konstruktiver, notwendiger Konflikte?

_____

_____

_____

- Welche Standards könnten alle Beteiligten als fair oder angemessen anerkennen?

_____

_____

_____

## 5. PRINZIP:

**Eine „Beste Alternative" entwickeln für den Fall, daß keine Verhandlungsübereinkunft erzielt wird!**

- Welches ist Ihre Beste Alternative zur möglichen Verhandlungsübereinkunft?

_____

_____

_____

- Wie schätzt wohl die andere Seite Ihre Beste Alternative ein?

  _____

  _____

  _____

- Welches könnte die Beste Alternative der anderen Seite sein?

  _____

  _____

  _____

- Wie könnte ein Vergleich zwischen einem „akzeptablen Vorschlag"
  gegenüber der „Besten Alternative" aussehen?

  _____

  _____

  _____

Eine letzte Frage:

Worauf sollte ICH als Person in dieser Verhandlung besonders achten?

  _____

  _____

  _____

**Der Ursprung aller
Konflikte zwischen mir
und meinen
Mitmenschen ist,
daß ich nicht sage,
was ich meine,
und daß ich nicht tue,
was ich sage.**

Martin Buber

# Umgang mit Konflikten

## Notwendige und überflüssige Konflikte

Gibt es zur Zeit ein Konflikt, der Sie stark beschäftigt? Worum geht dabei?

_____

_____

_____

Gehören Sie auch zu den Menschen, die Konflikte nicht mögen? Die skeptisch dreinblicken, wenn Ihnen Trainer oder Berater empfehlen, Konflikte als Chance zu persönlichem Wachstum und zur Veränderung zu begreifen? Dann sind Sie in guter Gesellschaft, denn die meisten Menschen würden Konflikte am liebsten aus ihrem Leben verbannen. Konflikte sind unangenehm, Streiten ist häßlich, Auseinandersetzungen nicht wünschenswert: das haben wir in Elternhaus und Schule meistens so gelernt.

Sie kennen den Ehekonflikt, den sogenannten Generationenkonflikt, den Konflikt zwischen den Tarifparteien, Sie hören von politischen und sozialen Konflikten, von Konflikten zwischen ethnischen Gruppen und Staaten usw. Der Begriff Konflikt wird - vor allem von den Medien - zu oft und zu unüberlegt verwendet. Denn nicht jedes gesellschaftliche Problem, nicht jede Meinungsverschiedenheit ist ein Konflikt. Andererseits haben Sie sicher schon erlebt, wie aus geringsten Differenzen, scheinbar nichtigen Anlässen und kleinen Unstimmigkeiten heraus im Nu handfeste Konflikte entstanden sind.

Konflikte sind normal, allgegenwärtig und unvermeidlich, sie sind Bestandteil des menschlichen bzw. gesellschaftlichen Zusammenlebens in allen seinen Formen. Wo immer zwei Menschen aufeinandertreffen, kann es zu Konflikten kommen. Nicht der Konflikt ist das Problem, sondern die Unfähigkeit von Menschen, Gruppen und Organisationen, vernünftig damit umzugehen.

Mehr noch: Konflikte sind notwendig, um den Wandel zu fördern. In Gesellschaften, in denen Konflikte unterdrückt oder nicht ausgetragen werden, wird der Wandel verlangsamt, bleibt schöpferische menschliche Kraft ungenutzt. Die Überlegenheit der pluralistischen Demokratie liegt gerade darin, daß sie Regeln und Mechanismen zur geordneten und fairen Austragung gesellschaftlicher Konflikte bereithält.

Konflikte sind aber auch überflüssig. Zahlreiche Konflikte entstehen durch (kommunikatives) Fehlverhalten und können vermieden werden. Solche „kontraproduktiven" Konflikte bringen Sie nicht weiter. Beugen Sie diesen Konflikten möglichst vor.

Was macht einen Konflikt eigentlich aus? Die Wissenschaft liefert uns ganz unterschiedliche Definitionen, je nachdem, ob sie das Phänomen aus ökonomischer, soziologischer, politologischer, psychologischer, juristischer, anthropologischer usw. Sicht beleuchtet. Für unsere Zwecke genügt eine pragmatische Beschreibung der zentralen Elemente eines Konflikts:

- Unvereinbarkeit im Denken, Vorstellen, Wahrnehmen, Fühlen und Wollen

- plus das Empfinden dieser Unvereinbarkeit von mindestens einer Seite (egal, ob zu Recht oder nicht)

- plus das Handeln (oder Unterlassen) einer der Parteien, das von der anderen Seite als Beinträchtigung der eigenen Ziele und Interessen empfunden wird.

**Arten und Typen von Konflikten**

Im Laufe Ihres Lebens sind Ihnen schon zahlreiche Konflikte begegnet: Nennen Sie drei völlig unterschiedliche aus Ihren unterschiedlichen Aktivitätsfeldern:

Versuch einer Systematisierung der wichtigsten Konfliktarten und -typen:

**Sachliche und Beziehungskonflikte**

- **sachliche Konflikte**: im Kern sachbezogene Auseinandersetzungen, die in der Regel von persönlichen Gefühlen begleitet sind;

- **Beziehungskonflikte**: liegen vor, wenn das legitime menschliche Bedürfnis, akzeptiert, geachtet, geschätzt, geliebt zu werden, von anderen Personen (Partnern, Kollegen/innen, Parteifreunden etc.) verletzt wird. Viele Beziehungskonflikte werden auf der Sachebene ausgetragen, weil sie nicht als Beziehungskonflikte erkannt werden.

**Wert- und Bedürfniskonflikte**

- **Wertkonflikte**: Sie sind mit dem Verhalten einer anderen Person nicht einverstanden sind, obwohl Sie deren Verhalten nicht unmittelbar beeinträchtigt;

- **Bedürfniskonflikte**: Sie sind mit dem Verhalten einer anderen Person nicht einverstanden sind, weil es Sie unmittelbar in der Befriedigung eines Ihnen wichtigen Bedürfnisses beeinträchtigt.

**Bewertungs-, Beurteilungs- und Verteilungskonflikte**

- **Bewertungskonflikt** (häufig auch Zielkonflikt genannt): die Konfliktparteien bewerten die Ziele oder Konsequenzen von Handlungen unterschiedlich.

- **Beurteilungskonflikt** (häufig auch Wegkonflikt genannt): die Konfliktparteien verfolgen dieselben Ziele, versuchen sie aber auf unterschiedlichen Wegen zu erreichen, weil sie die Konsequenzen unterschiedlich einschätzen;

- **Verteilungskonflikt**: die Konfliktparteien können sich nicht über die Verteilung von persönlichen, finanziellen oder technischen Ressourcen einigen;

| | Konflikte innerhalb | Konflikte zwischen |
|---|---|---|
| **Individuen** | intra-personeller Konflikt | inter-personeller Konflikt |
| **„Kollektiven"** | intra-Gruppenkonflikt | inter-Gruppenkonflikt |
| | intra-organisatorischer Konflikt | inter-organisatorischer Konflikte |

## Innere Konflikte

- **intra-personeller Konflikt**: spielt sich in einer Einzelperson ab und kann zu ambivalenten Gefühlen, widersprüchlichen Entscheidungen, unlogischem Vorgehen, inkonsequentem Verhalten oder zur Flucht aus der Situation führen.

- **Inter-Rollenkonflikt**: liegt vor, wenn Personen über eine inkonsistente Rollenausstattung verfügen. Frauen z. B. wird gleichzeitig das Rollenrepertoire: Geliebte - Berufstätige - Hausfrau/Mutter usw. abverlangt. Lösungsmöglichkeit: räumliche und/oder zeitliche Trennung der Rollen oder „Zeitinseln" einrichten, um ganz für die Kinder da zu sein oder das (Liebes) Leben mit dem Partner zu genießen

- **Intra-Rollenkonflikt**: hier geht es um unterschiedliche Erwartungen verschiedener Bezugspartner an den Inhaber der gleichen Rolle. So bestehen etwa gegenüber der Lehrerin die Erwartungen der Schulbehörde, des Rektors, der Schüler, der Eltern usw.

- **Annäherungs-Annäherungs-Konflikt**: die Person steht zwischen zwei Zielen, die sie für gleich wertvoll hält, aber nicht gleichzeitig anstreben/erreichen kann. Beispiel: Eine Schulabgängerin muß sich für einen von zwei Berufen entscheiden, die beide ihren Interessen und Neigungen entsprechen.

- **Vermeidungs-Vermeidungs-Konflikt**: die Person muß sich zwischen zwei Gegebenheiten entscheiden, die sie beide als Übel ansieht. Beispiel: Ein Kollege wird mit einer wichtigen Terminarbeit nicht fertig. Die Vorgesetzte muß ihn entweder zur Rede stellen (was sie scheut) oder die Arbeit am Wochenende selber zu Ende bringen (was sie ebenfalls scheut).

- **Annäherungs-Vermeidungs-Konflikt**: die Person steht vor einer Entscheidung zwischen zwei Alternativen, die jede für sich sowohl Vor- und Nachteile, Wertvolles wie Übles enthält. Beispiel: Ein Ehepaar steht vor der Wahl, sich scheiden zu lassen oder die Ehe aufrechtzuerhalten.

## Konflikte in und zwischen Gruppen/ Organisationen

- **Inter-personeller Konflikt**: Konflikt zwischen Einzelpersonen in einer Zweier-Beziehung (z. B. Ehe, Führungskraft - Mitarbeiter/-in, Lehrer/-in - Schüler) oder in einer (Klein)Gruppe (z. B. Familie, Klasse, Verein, Team);

- **intra-Gruppenkonflikt**: ein gruppeninterner Konflikt, der zu Auseinandersetzungen, zur Bildung von Untergruppen, Fraktionen, Flügeln, zu Ausgrenzungen, Spaltungen, Sezessionen und Neugründungen, aber auch zur Lähmung, Handlungsunfähigkeit, Pattsituation, zur Inaktivierung und Auflösung führen kann;

- **inter-Gruppenkonflikt**: Konflikt zwischen Gruppen, Organisationen, Institutionen aller Art und Größe in symmetrischen und asymmetrischen Konfliktbeziehungen. Es handelt sich in der Regel um sehr komplexe Konfliktlagen, die sich aus einer Fülle von Anlässen auf allen Ebenen von der individuellen Mikroebene über die lokale/regionale Mesoebene bis zur nationalen/internationalen Makroebene ergeben können.

## Latente und manifeste Konflikte

- **latente Konflikte**: verdeckte Konflikte, die nicht offen ausgetragen werden und in der Schwebe bleiben;

- **manifeste Konflikte**: offenliegende Konflikte mit einem entsprechenden Konfliktverhalten der Beteiligten, entwickeln sich häufig aus latenten Konflikten oder brechen unvermutet auf.

## Heiße und kalte Konflikte

- **heiße Konflikte**: sind von der Interaktionsform der beteiligten Konfliktparteien und dem Klima der Beziehungen zwischen ihnen bestimmt. Es herrscht eine „Atmosphäre der Überaktivität und Überempfindlichkeit" (F. Glasl); jede Seite ist von der Richtigkeit ihrer Sache überzeugt, zeigt ein demonstrativ positives Selbstbild und will die Gegenseite zur Anerkennung der eigenen Positionen, Forderungen und Interessen bringen. Die Grundeinstellung ist expansiv, Gebiets-, Einfluß- und Machtvergrößerung werden angestrebt.

- **kalte Konflikte**: entwickeln unter Umständen eine Destruktivität, die noch einschneidender und gravierender ist als bei einem heißen Konflikt. Nicht Begeisterung, Aktivität und Überzeugungsdrang bestimmen das Klima der Konfliktparteien, sondern Enttäuschungen, Desillusionierung und Frustration. Die Kommunikation wird stockend, zynisch und sarkastisch, ehe sie gänzlich erlahmt.

Schauen Sie kurz zurück zu den drei Konflikten, die Sie schriftlich festgehalten haben: Wo würden Sie diese in der Konfliktsystematik einordnen?

_____

_____

_____

_____

_____

_____

**Vom Umgang mit Konfliktursachen**

Ihnen ist aus eigener leidvoller Erfahrung sicherlich bekannt, daß die erste hohe Hürde beim Versuch, Konflikte zu lösen , darin besteht, sich Klarheit über die Konfliktursachen zu verschaffen. Normalerweise haben die Konfliktpartner nämlich höchst unterschiedliche Ansichten darüber, wer oder was für den Konflikt die Verantwortung trägt und wie es dazu gekommen ist. Diese sogenannte „Konfliktzuschreibung" ist oft selbst ein gewichtiger Bestandteil des Konflikts.

**Konfliktzuschreibungen**

Beispiel: Zwei Vereinsvorstandsmitglieder haben einen Konflikt über ihre Aufgaben. Der eine meint, daß er zuviel repräsentieren muß, weil der andere sich fast ausschließlich um die Mitgliederbetreuung kümmert. Der andere wehrt sich gegen mehr Repräsentationsaufgaben.

Das Vorstandsmitglied, das sich ausgenutzt fühlt, kann nach einer Diskussion die Weigerung verschieden begründen:

1 „Der Beisitzer ist faul" oder „Er kann nicht gut repräsentieren".

2 „Die Aufgabenaufteilung des Beisitzers sieht Mitgliederbetreuung vor" oder „Unser System der Mitgliederbetreuung ist veraltet und arbeitsintensiv".

3 „Über Kontakte bei der Mitgliederbetreuung erhofft sich der Beisitzer eine satte Mehrheit bei den nächsten Vorstandswahlen" oder „Über seine Kontakte erfährt er immer Neuigkeiten über die Mitglieder."

4 „Die regelmäßige Mitgliederbetreuung ist ein gutes Mittel, um unsere Vereinsidentität zu stärken."

Diese vier Ursachenzuschreibungen in einer Matrix:

### Konfliktzuschreibungen

| | ursachenorientiert | zielorientiert |
|---|---|---|
| **personorientiert** | 1 | 3 |
| **umwelt- und sachorientiert** | 2 | 4 |

Die Art der Sichtweise bestimmt das Verhalten gegenüber dem Konfliktpartner. Wenn Sie für den Konflikt z. B. personorientierte Gründe und/oder Absichten verantwortlich machen, dann halten Sie in der Regel die Anliegen der Konfliktpartnerin für nicht berechtigt. Daraus folgt dann eine Strategie, die nicht darauf ausgerichtet ist, eine konstruktive, d. h. für beide Seiten befriedigende Lösung zu suchen, sondern die darauf abzielt, die gegnerischen Ansprüche abzuwehren und sich gegen die andere durchzusetzen.

Bei personorientierter Sichtweise wird in der Regel erwartet, daß der Konfliktpartner sein Vorhaben mit starkem Nachdruck verfolgen wird: persönlich geleitete Absichten und Gründe werden zumeist als stärker und überdauernder eingeschätzt als sachorientierte Absichten und Umwelt-Faktoren. Dies hat zur Folge, daß man sich von vornherein auch selbst stärker für seine eigenen Pläne einsetzt.

Besonders häufig findet man solche personorientierten Ursachenzuschreibungen bei Verteilungs- und Beziehungskonflikten. Sie führen selten zu befriedigenden Konfliktlösungen. Sie sollten daher eher nach umwelt-/sachorientierten Konfliktursachen suchen. Einen egoistischen oder verunsicherten Kontrahenten können Sie bekämpfen oder ignorieren - eine Umerziehung gelingt selten. Über sachliche Motive und Ziele aber können Sie sich konstruktiv auseinandersetzen; und im Gefolge veränderter Bedingungen verändern sich unter Umständen auch die persönlichen Haltungen.

Neben den je persönlichen Ursachenzuschreibungsmustern gibt es natürlich auch konzeptionell unterschiedliche Sichtweisen auf das Konfliktphänomen, von denen die m. E. drei wichtigsten hier genannt werden sollen:

## Die linear-kausale Sichtweise

Beispiel: Im Ortsverein einer Partei kommt es regelmäßig zu heftigen verbalen Auseinandersetzungen zwischen dem Vorsitzenden und einem jüngeren weiblichen Parteimitglied. Das Parteimitglied hat dafür folgende Erklärung: der Vorsitzende „setzt sich nur kraft seines Amtes, also mit Hilfe der Geschäfts- und Tagesordnung durch", (Ursache 1) er hat „keine politische Autorität" (Wirkung 1). Weil er jedoch „keine politische Autorität hat", kann sie mit ihm politisch nicht vernünftig zusammenarbeiten (Wirkung 1 wird nun zur Ursache).

Im Alltag neigen wir dazu, Konfliktereignisse auf linear-kausale, auf bestimmte mehr oder weniger abgrenzbare, zusammenwirkende Ursachen zurückzuführen. Dahinter steht das verständliche menschliche Bedürfnis, verwickelte Situationen - wie es Konfliktkonstellationen meistens sind - durch einfache, scheinbar plausible Erklärungen rasch wieder „in den Griff" zu bekommen. Einfach und deshalb sehr verführerisch ist es auch, anderen Personen die „Schuld" für zwischenmenschliche Probleme „in die Schuhe zu schieben", also Konflikte auf Eigenschaften, Einstellungen, Werte und Verhalten zurückzuführen. Konfliktmanagement aus linearer, personalisierter Sicht ist selten erfolgreich.

## Die systemische Sichtweise

Dem Wechselspiel von Individuen, Organisationsstrukturen und Konfliktdynamiken werden eher systemtheoretisch-konstruktivistische Ansätze gerecht. Sie gehen davon aus, daß die Elemente eines Systems miteinander vernetzt sind und sich wechselseitig beeinflussen. Konflikte entstehen demnach aus den Wirkungszusammenhängen zwischen den Systemelementen: Organisationseinheiten und ihren Regeln, Personen und ihren Kommunikationsprozessen, Umfeldbeziehungen des Systems und ihren Auswirkungen auf die Kooperationszusammenhänge im System usw. Im Mittelpunkt einer systemischen Betrachtungsweise stehen also die Beziehungsstrukturen zwischen den Elementen eines Systems, deren Beziehungsdynamiken, Kommunikations- und Konflikthandhabungsmuster. Fortschritte in der Konfliktbewältigung einer Organisation kann es erst dann geben, wenn diese Muster sich verändern und nicht dadurch, daß sich A und B als Personen ändern.

Im Unterschied zur linear-kausalen Sicht des Parteimitglieds basiert das systemische Erklärungsmodell auf der Hypothese, daß jedes Phänomen seine Bedeutung erst im Kontext gewinnt. So werden sog. „Problempersonen" als Mitglieder eines Systems und damit auch als „Symptom-Träger" eines System-Problems gesehen. Das heißt, sie sind Akteur/-innen, deren Verhalten nicht ausschließlich von ihren individuellen Persönlichkeitsstrukturen - ihren Werten, Interessen, Gefühlen, ihren „Charaktereigenschaften" usw. - her determiniert ist, sondern auch vom äußeren Kontext gesteuert wird, also von den Merkmalen des Systems, z. B. der Kultur, den Normen und Regeln einer Organisation, den hierarchischen Positionen und den damit verbundenen Erwartungen.

Das Verhalten des Parteivorsitzenden im o. g. Beispiel kann durchaus auch eine angemessene Reaktion auf die in der Organisation geltenden, von ihm wahrgenommenen und interpretierten Normen und Erwartungen sein (z. B. daß Vorsitzende strikt auf die Einhaltung der Geschäfts- und Tagesordnung achten müssen). Das ihm zugeschriebene Fehlen „politischer Autorität" ist demnach auch von seinem Beziehungen im für ihn relevanten System (Ortsverein/Parteiorganisation) her zu erfassen.

## Die wirklichkeitskonstruktive Perspektive:

Die konstruktivistische Erkenntnistheorie geht davon aus, daß wir nie mit der Wirklichkeit an sich umgehen, sondern stets mit unserer eigenen Erfahrungswirklichkeit, das heißt mit den Bildern und Konstruktionen von Wirklichkeit in unseren Köpfen. In diesem Sinne kann es auch gar keine „objektiven" Konflikte geben, sondern nur solche, die von Personen identifiziert und gedeutet werden. Ob jemand ein Ereignis, eine Situation, eine Person etc. als Konflikt wahrnimmt, hängt also nicht nur von äußeren Gegebenheiten (dem Kontext) ab, sondern auch von seinem aktiv-passiv gebildeten persönlichen Bezugsrahmen, seinem biographisch erworbenen „Filter" - Sie erinnern sich? Im Unterschied zur systemischen Perspektive mit ihrer Fokussierung von Beziehungsstrukturen und -dynamiken im System richtet sich in der wirklichkeitskonstruktiven Perspektive die Aufmerksamkeit nun wieder auf die Person, den/die Einzelnen. Wie ist das Wirklichkeitsverständnis der Person bzw. auch der anderen am Konflikt Beteiligten, wie ihr Umfeld, ihre Beziehungssysteme, ihre Organisation?

## Modelle menschlichen Konfliktverhaltens

Was tun Sie bei Konflikten? Ausweichen? Streiten? Nachgeben? Oder:

_____

_____

_____

_____

Aus der Entwicklungsgeschichte der Menschheit kennen wir fünf Grundstrategien:

- Fliehen: dies ist die erste und natürliche Reaktion der Jäger und Sammler bei heraufziehender Gefahr: Nichts wie weg!.

- Kämpfen: wurde notwendig, als die Menschen seßhaft wurden und nicht mehr ausweichen konnten oder wollten.

- Sich unterwerfen: ist das Pendant zum Kampf. Im Sklaventum wird der Feind nützlich gemacht.

- Delegieren: die Hilfe Dritter ist notwendig für den Kommunikations- und Problemlösungsprozess. Wenn Götter, Priester, Könige und Richter zur Entscheidungsfindung und Konfliktschlichtung herangezogen werden, ist dies eine Form der Delegation.

- Suche nach Kompromiß oder Konsens (z. B. auf dem Verhandlungswege)

Wo stehen wir heute? Zeigt nicht das ausgehende „Jahrhundert der Kriege", daß die Menschheit noch gar nicht sehr weit gekommen ist im Umgang mit Konflikten? Wir müssen erst noch lernen, was wahrer Kompromiß und erst recht was Konsens bedeutet.

## Grundmodell menschlichen Konfliktverhaltens

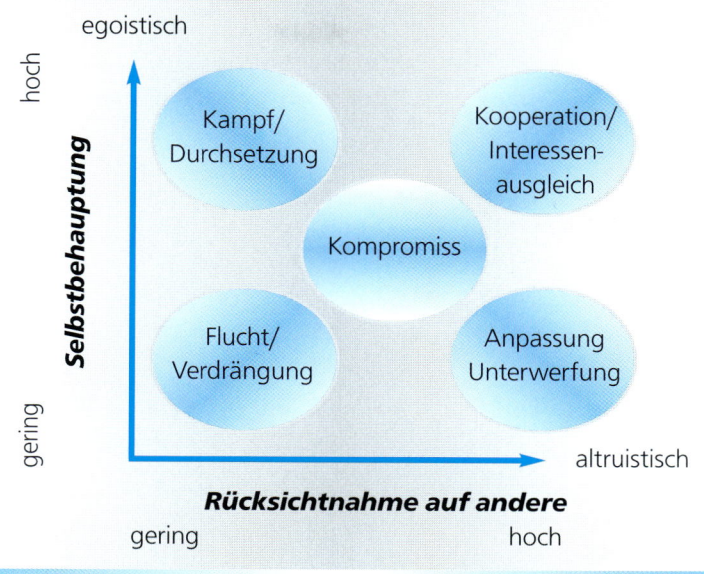

Diese fünf Verhaltensstile sind grundsätzlich „legitime" Formen des Umgangs mit Konflikten, auch wenn uns Flucht/Verdrängung oder Anpassung/Unterwerfung als rückständige und „infantile" Formen erscheinen. Sie können sich leicht Situationen vorstellen, in denen Flucht (und damit die Vermeidung eines Kampfes) die einzig mögliche existenzerhaltende und darum vernünftige Verhaltensweise ist. Und auch die Verdrängung kann Sie in bestimmten Konfliktkonstellationen vor (seelischer) Verletzung schützen. Dennoch kann natürlich ein Mensch an Seele und Leib Schaden nehmen, wenn er/sie eine aktive Konfliktbewältigung immer wieder meidet oder die Existenz eines (latenten) Konflikts leugnet. Die Grundeinstellung jedenfalls, mit der Sie an (latente oder bereits manifeste) Konfliktkonstellationen herangehen, hat einen maßgeblichen Einfluß auf den Konfliktverlauf.

Die „Lösung" eines Konfliktes hängt wesentlich ab von der Konfliktkonstellation (umgehbar, nicht umgehbar; Interessenausgleich möglich oder unmöglich) und der Konfliktintensität (hoch, mittel, niedrig), die die persönliche Betroffenheit bzw. das Interesse der Beteiligten ausdrückt. Mithilfe einer Matrix können Sie Konflikte besser einordnen und abschätzen.

## Konfliktkonstellationen und Handlungsformen

| | Konflikt nicht umgehbar Interessenausgleich unmöglich | Konflikt umgehbar Interessenausgleich unmöglich | Konflikt nicht umgehbar Interessenausgleich möglich |
|---|---|---|---|
| **Intensität hoch**<br><br>*(aktive Handhabungs-formen)* | Gewinn-Verlust-Machtkämpfe<br><br>**1.1**<br>*Zwei Kolleginnen kämpfen um die Beförderung - nur eine wird Abteilungsleiterin* | Rückzug/ Unterdrückung<br><br>**2.1**<br>*Die Vorgesetzte genehmigt den lange geplanten Urlaub nicht* | Problem-/ Konflikt-lösung durch Verhandlung<br>**3.1**<br>*Der Stadtrat einigt sich mit der Verwaltung über strittige Fragen des ÖPNV* |
| **Intensität mittel**<br><br>*(gemäßigt aktive Handhabungs-formen)* | Intervention durch unparteiischen Dritten<br>**1.2**<br>*Ein Schlichter legt eine Tarifausein-andersetzung bei, eine Mediatorin einen Umweltkonflikt* | Verminderung der Interaktion<br>**2.2**<br>*Verfeindete Vereinsmitglieder setzen sich bei Versammlungen an getrennte Tische* | Kompromiß<br><br>**3.2**<br>*Die Erbengemein-schaft einigt sich einvernehmlich über eine gerechte Teilung des Streitwertes* |
| **Intensität gering**<br><br>*(passive Handhabungs-formen)* | Zufallshandhabung<br>**1.3**<br>*Familienmitglieder entscheiden per Los (Münze, Streichholz) über den Abwasch* | Indifferenz/Ignoranz<br>**2.3**<br>*Die Frau des Hauses übersieht den Umgang des Hausherrn mit der Zahnpastatube* | Friedliche Koexistenz<br>**3.3**<br>*Die Parteifreunde sitzen für die Dauer der Legislaturperiode weiter in den gleichen Gremien* |

## Erläuterungen zur Konfliktmatrix

**Feld 1.1:** Nicht umgehbare Konflikte, bei denen ein Interessenausgleich unmöglich und eine hohe emotionale oder sachliche Beteiligung im Spiel ist, werden oft durch Machtkämpfe entschieden. Dabei gibt es immer Gewinner und Verlierer.

**Feld 1.2:** Eine Dritte Person wird als Vermittlerin oder Schlichterin in den Konflikt einbezogen. Diese Dritte soll eine neutrale Person mit Autorität sein, sie darf sich von keiner Konfliktpartei vereinnahmen lassen.

**Feld 1.3:** Oft werden unbedeutende Konflikte dadurch gelöst, daß man sich auf ein einfaches Entscheidungsverfahren (Los, Münzwurf oder Streichholz) einigt. Hierdurch wird die Verantwortung „dem Zufall überlassen", d.h. keinem der Kontrahenten kann die Schuld zugeschoben werden.

**Feld 2.1:** Wenn ein Schwächerer in einem Konflikt keine Chancen zur Erreichung seiner eigenen Ziele sieht, zieht er sich zurück. Unterdrückung liegt vor, wenn ein Stärkerer sich über die Interessen der/des Beteiligten durch eine Anweisung hinwegsetzt.

**Feld 2.2:** Die Konfliktträger/-innen werden getrennt oder verringern/unterbinden selbst den konfliktträchtigen Umgang miteinander.

**Feld 2.3:** Beteiligte an unbedeutenden Konflikte übersehen oft bewußt, was sie stört. Unterschwellige Spannungen bleiben weiterhin bestehen.

**Feld 3.1:** Die Problem- und Konfliktlösung wird durch eine kooperative Verhandlung herbeigeführt. Beide Konfliktparteien sind bereit zur Konfliktlösung durch Verhandlung; sie streben eine „Lösung ohne Verlierer" oder gar eine „Win-Win-Situation" an.

**Feld 3.2:** Der anstehende Konflikt wird durch eine (als gerecht empfundene) Teilung des Streitgegenstandes gelöst, vorausgesetzt, der Streitwert ist teilbar.

**Feld 3.3:** Der Konflikt wird ausgeklammert, man läßt ihn auf sich beruhen, thematisiert ihn ganz bewußt nicht, um das Gesprächsklima nicht zu verschlechtern

Wenn Sie Lust haben, einen Konflikt aus Ihrem Alltag einmal genauer zu analysieren, um vielleicht auf Lösungsideen zu kommen, bieten sich die folgenden Leitfragen an:

**Übung Konfliktanalyse I**
**-analytische Fragen-**

Für Leser/-innen, die eher analytisch und mit der rationalen Gehirnhälfte arbeiten können/wollen!)

1. Wer ist am Konflikt beteiligt? Welche Funktionen haben Sie und Ihre Konfliktpartner in der Gruppe/der Organisation? Skizzieren Sie den organisatorischen Zusammenhang!

_____

_____

2. Um was geht es? Wie würden Sie den Fall beschreiben?

_____

_____

3. Schildern Sie die Umstände, die aus Ihrer Sicht den Fall zu einem Konflikt gemacht haben.

_____

_____

4. Wie wurde der Konflikt bisher ausgetragen? Wie haben Sie sich verhalten? Wie haben sich Ihre Konfliktpartner/-innen verhalten?

_____

_____

5. Seit wann ist der Konflikt bewußt? Seit wann ist der Konflikt Ihrer Konfliktpartnerin bewußt?

_____

_____

6. Wie und mit wem haben Sie bisher darüber gesprochen? Wie und mit wem hat Ihre Konfliktpartnerin darüber gesprochen?

_____

_____

7. Welche Verhaltensweisen haben Sie bisher beobachtet (Reaktionen, Äußerungen, Versuche, den Konflikt zu handhaben)? A) bei sich selber b) bei Ihrer Konfliktpartnerin?

_____

_____

8. Wie würde Ihre Konfliktpartnerin den Konflikt definieren?

_____

_____

9. Welche Erwartungen hatten Sie bisher in diesem Konflikt, bzw. welche Ziele haben Sie bisher verfolgt?

_____

_____

10. Welche Erwartungen bzw. Ziele hat Ihr Konfliktpartner bisher verfolgt?

_____

_____

11. Beschreiben Sie Ihren Konfliktpartner!

_____

_____

12 Wie würde Ihre Konfliktpartnerin Sie beschreiben?

_____

_____

13. Wer unterstützt Sie in Ihrem Konflikt?

_____

_____

14. Wer unterstützt Ihren Konfliktpartner?

_____

_____

15. Wer könnte eventuell vermitteln, weil er beide versteht und/oder mag?

_____

_____

16. Wenn Sie die Rolle Ihres Konfliktpartners übernehmen müßten, was müßten Sie dann alles bedenken?

_____

_____

17. Wenn Ihr Konfliktpartner Ihre Rolle übernehmen müßte, an was müßte er/sie alles denken?

_____

_____

18. Wieviel Zeit steht Ihnen zur Verfügung?

_____

_____

19. Wieviel Zeit steht Ihrem Konfliktpartner zur Verfügung?

_____

_____

20. Hatten Sie schon öfters ähnliche Konflikte?

_____

_____

21. Wie wichtig ist der Konflikt für Sie? Und für Ihre Partnerin?

_____

_____

22. Wie wichtig ist eine Konfliktlösung für Sie? Und für Ihre Partnerin?

_____

_____

## Übung Konfliktanalyse II - kreative Fragen-

Für Leser/-innen, die eher ganzheitlich, bildlich, kreativ mit der rechten Gehirnhälfte arbeiten können oder wollen!

1. Versuchen Sie, einen Titel für Ihren Konflikt zu finden! Stellen Sie sich dabei vor, daß Ihr Konflikt Inhalt eines Buches oder eines Filmes ist. Der Titel soll möglichst aussagekräftig sein:

_____

_____

_____

2. Versuchen Sie, Ihren Konflikt in einem Satz niederzuschreiben!

_____

_____

_____

3. Versuchen Sie, zehn Stichworte zu finden, die Ihren Konflikt prägnant charakterisieren!

_____

_____

_____

_____

4. Benützen Sie dieses Blatt, um möglichst alle die Faktoren aufzu-
   schreiben, die Ihnen a) bei der Konfliktbehandlung behilflich sein
   könnten und b) alle die, die sich eher hemmend auswirken könnten. Faktoren können sein: sachliche Umstände, Personen etc.

helfende Faktoren

_____

_____

_____

_____

_____

hindernde Faktoren

_____

_____

_____

_____

_____

**Konfliktdynamik**

Sie wissen aus eigener Erfahrung, daß Konflikte eine eigene Dynamik entwickeln und „außer Kontrolle" geraten können. Sie verlaufen oft in Stadien oder Stufen. Anfängliche Meinungsunterschiede oder Unstimmigkeiten eskalieren und enden in einer scheinbar ausweglosen Situation.

Es sind immer die gleichen Konflikt - „Mechanismen", die bei solchen Eskalationsprozessen am Werke sind:

- Projektion des „Negativen" auf den anderen.

- Anreicherung/Aufblähung des Konflikts durch immer neue Themen, Probleme, Einzelheiten etc.

- Verdrehung von Ursache und Wirkung bei Dingen und Handlungen

- Vereinfachung von Zusammenhängen und Abhängigkeiten

- „Truppen" - Verstärkung durch andere Personen oder Gruppen/Bildung von Koalitionen

- Eskalation von Drohungen in der Hoffnung, daß der andere nachgibt.

Inzwischen haben Organisationsentwicklungsexpertinnen und Konfliktforscher Theorien der Konfliktdynamik und Modelle der Konflikteskalation entwickelt. Der Übergang von einer Stufe zur nächsten entspricht dabei dem Abgleiten von einem „Regressionsniveau" auf ein noch niedrigeres Niveau. Die Konfliktparteien lassen sich also mehr und mehr von Emotionen, stereotypen Verhaltensmustern und „blinden" Antrieben leiten, die immer weniger dem Grad ihrer wirklichen Reife entsprechen, sondern Rückfälle auf früher durchlebte (beispielsweise kindliche, halbstarke) Stadien ihrer Persönlichkeitsentwicklung darstellen.

Solche Modelle helfen Ihnen dabei, das Konfliktstadium genauer zu bestimmen und die dazu passende Interventionsform zu finden: Spätestens bei Konfliktstärke fünf ist es ratsam, eine externe Vermittlung einzuschalten: dies kann in Form einer Schlichtung oder Konfliktmoderation bzw.- mediation geschehen.

## Modell für die Eskalation eines Konflikts in neun Stufen (nach Glasl)

1. Verhärtung: Konfliktpartner beharren auf ihren Positionen, sind im Umgang miteinander nicht mehr offen und entspannt, aber noch sicher, die atmosphärische Störung mit Argumenten beseitigen zu können.

2. Polarisierung: Überheblichkeit und Arroganz, verbale Auseinandersetzungen. Verbündete werden gesucht, Koalitionsbildungen, taktische Finessen, Verteidigung des eigenen Standpunkts (Entweder/Oder-Dilemma).

3. Konfrontation: keine Bereitschaft zum Nachgeben mehr, Diskussionen erscheinen plötzlich sinnlos, nonverbale Signale und unbeherrschte Ausbrüche belasten das Klima immer häufiger, die Parteien treten als „verschworene" Gemeinschaften auf, starkes Wir-Gefühl.

4. Vom Gegner zum Feind: Devise „Du oder ich", Schwarz-Weiß-Denken, strahlendes Selbstbild contra mieses Feindbild, Point of no return ist erreicht.

5. Vom Feind zum Untermenschen: (Öffentliche) Diskriminierungen und Diffamierungen, persönliche Angriffe auch unterhalb der Gürtellinie, wahnhaft übersteigertes Selbstbild bedarf eines „teuflichen" Gegenbildes .

6. Unverhüllte wechselseitige Drohungen: Festlegungen durch (Öffentliche) Absichtserklärungen gegenüber Dritten, daher kein Rückzug ohne Gesichtsverlust mehr möglich.

7. Schlacht oder Krieg: Zerstörungsaktionen dienen der Entmachtung: Dem Gegner sollen solange Schläge zugefügt werden, bis er nachgibt und/oder handlungsunfähig ist.

8. Vernichtungsfeldzug: Macht- und Existenzgrundlage des Gegners sollen völlig vernichtet werden, die eigene Existenz aber erhalten bleiben.

9. Kamikaze: totaler Krieg, die Vernichtung des anderen ist zum Lebensziel geworden, die Zerstörung des Feindes rechtfertigt den eigenen Untergang.

**Konfliktmoderation, Schlichtung und Mediation**

Zahlreiche Konflikte lassen sich ohne die Hilfe eines/einer unparteiischen Dritten nicht mehr lösen: dazu gehören alle Konflikte, die eine lange „Geschichte" haben, z. B. Konflikte zwischen Staaten, die über Jahrhunderte Bestand hatten, aber auch Konflikte, in denen sich die Beziehungs- und die Sachebene zu einem scheinbar unentwirrbaren „Knäuel" miteinander verstrickt haben.

Die ursprünglich in den USA zur Entlastung der Gerichte von Familienstreitigkeiten entwickelte „Mediation" wird zunehmend auch in wirtschaftlichen und politischen Auseinandersetzungen eingesetzt. Mediatoren/-innen verstehen sich eher als „Geburtshelfer", die das kreative Konfliktlösungspotential der Streitenden, ihre „Selbsthilfekräfte" unter der Oberfläche gegensätzlicher Auffassungen an's Licht befördern wollen. Ihr Leitbild ist immer das Win-Win-Prinzip.

Die in einem Konflikt virulenten Gefühle wie Ärger, Neid, verletzte Würde etc. neben den inhaltlichen Streitpunkten bearbeitbar zu machen, ist das auch das Ziel der klassischen Konfliktmoderation. Konfliktmoderatoren/-innen sehen sich in erster Linie als Prozeßbegleiter/-innen. Hier einige Tips:

### Zehn Regeln der Konfliktmoderation

- Versetzen Sie sich in die Lage der Konfliktbeteiligten!
- Bleiben Sie offen und aufgeschlossen für die Interessen und Argumente aller Konfliktbeteiligten!
- Achten Sie darauf, daß alle gemeinsam an der Aufgabe arbeiten!
- Denken Sie daran, daß Konflikte konstruktiv nur bei Zufriedenheit aller Betroffenen gelöst werden können.
- Unterbinden Sie Schuldzuweisungen und die Suche nach Sündenböcken!
- Interpretieren Sie keine Aussagen, fragen Sie nach!
- Schlichten Sie Konflikte so, daß es keine Verlierer/-innen gibt!
- Unterdrücken Sie Emotionen nicht, lassen Sie sie zu.
- Hören Sie aufmerksam zu und geben Sie Feedback
- Akzeptieren Sie Konflikte als natürlichen Bestandteil des Zusammenlebens oder -arbeitens.

Ein weiteres Verfahren, bei dem ein unparteiischer Dritter vermittelt, ist die Ihnen aus Tarifverhandlungen bekannte Schlichtung. Schlichter/-innen verstehen sich als Kenner und Interpretatoren/-innen des geltenden Rechts und kümmern sich in der Regel nicht um die Entflechtung von „Beziehungs- und Sachknäueln". Sie machen Vorschläge inhaltlicher Art, d. h. sie erarbeiten selbst Lösungen, die sie den streitenden Parteien vorlegen und zur Annahme empfehlen.

Moderatoren/-innen, Schlichter und Mediatoren/-innen haben gemeinsam, daß sie den Lösungsprozeß steuern und darauf achten, daß keine Partei die zu Beginn des Prozesses vereinbarten Spielregeln verletzt.

**Konfliktprophylaxe: Vorbeugen ist besser als Heilen**

Zahlreiche Konflikte entstehen im Alltag durch (kommunikatives) Fehlverhalten. Wir könn(t)en sie gänzlich vermeiden oder sie für uns erträglich machen, wenn sie nicht lösbar sind, und die Konflikteskalation verhindern.

Bei den intrapersonellen oder inneren Konflikten liegen Ihre Möglichkeiten im „Selbstmanagement" bzw. der Persönlichkeitsentwicklung. In der Regel geht es um Klärungsarbeit, z. B. um Rollenklärung:

- Welche Rollenerwartungen werden an mich gestellt?
- Welche will ich übernehmen?
- Mit welchen Erwartungen kann ich mich nicht identifizieren?
- Wo bestehen Übereinstimmungen, wo Divergenzen zwischen den Rollenerwartungen?
- Wie gehe ich mit den nicht übereinstimmenden Rollenaspekten um?
- Wie manage" ich meine verschiedenen Rollen? Welche „innere Distanz" zu meinen Rollen lasse ich zu?
- Was ist für mich zuträglich, was abträglich? usw.

Zielklärung:

- Was ist mir in Entscheidungssituationen bei Annäherungs-Vermeidungskonflikten wirklich wichtig? Nach welchen Werten orientiere ich mein Privat- und Berufsleben?
- Wofür lebe ich?
- Wem oder was will ich mich zugehörig fühlen?
- Wie definiere ich meine Identität? usw.

Eine Meisterin im Selbstmanagement zu werden bedeutet aber keineswegs, daß Sie dabei völlig auf sich gestellt sind, ganz im Gegenteil. Sie haben vielfältige Möglichkeiten: das Lesen von Büchern, Gespräche mit guten Freundinnen und Freunden, mit Ehe- und Lebenspartnern, Beratung mit Vorgesetzten und Kollegen/-innen; Seminarveranstaltungen und therapeutische Hilfe, Coaching und und ....Nutzen Sie alles, was Ihre Persönlichkeitsentwicklung unterstützt und fördert.

Zahlreiche interpersonelle Konflikte können Sie vermeiden, wenn Sie sich an die Regeln der partner- und zielorientierten Kommunikation, der Gesprächs- und Verhandlungsführung halten. Eine besonders wichtige Rolle sollte dabei das Win-Win-Prinzip spielen: machen Sie es zu einer Ihrer zentralen Wertorientierungen und lassen Sie sich bei allen Ihren Handlungen davon leiten.

Intra- und interorganisatorische Konflikte, in denen es um (organisierte) Macht und Teilhabe, um Status und Interessen und - noch viel zu oft - eben auch um Krieg oder Frieden geht, können in der Regel nicht vermieden, sondern nur gezähmt" werden: durch Regulierung und Institutionalisierung, durch Reformen und „Revolutionen", durch (internationale) Konventionen, Gremien und Agreements. Ihre persönlichen Einfluß- und Gestaltungsmöglichkeit können Sie hier kaum alleine, sondern nur gemeinsam mit anderen durch politisches Engagement in Parteien, Non-Profit-Organisationen, Initiativen usw. wahrnehmen.

**Leitlinien zur Entwicklung eines effektiven Konfliktlösungssystems**

Müssen Konflikte eigentlich um jeden Preis gelöst werden? Die überall verbreiteten „muddling through"-Strategien des Durchwurstelns, des Aussitzens und der Pseudolösungen, an denen nach kurzer Zeit schon wieder weitergeflickt und -gestrickt werden muß, sind Ihnen als typische Zeit- und Energiefresser bekannt. Sie sind in aller Regel auch teurer - zumindest auf längere Sicht gesehen.

Diesen kostenintensiven und wenig tragfähigen Konfliktlösungsversuchen stehen im Prinzip nur drei ernstzunehmende Konfliktbewältigungsstrategien gegenüber:

> **die Rechtsstrategie**
> **die Machtstrategie**
> **die Interessenausgleichsstrategie**

Wer die Strategien des „Wer hat recht" oder des „Wer hat die Macht"? verfolgt, hinterläßt in aller Regel einen Scherbenhaufen auf der Beziehungsebene und schafft so neue Potentiale für Konflikte. Zwar ist bei einer Abwägung die Rechtsstrategie der Machtstrategie vorzuziehen, denn es fällt leichter, sich einer Entscheidung auf der Basis anerkannter Normen/Regeln zu beugen als der Macht, dennoch bleiben bei beiden Strategien Verlierer/-innen auf der Strecke.

Win-Win-Situationen für beide Seiten lassen sich am ehesten schaffen, wenn der Fokus auf die Interessen der Beteiligten gerichtet wird. Die Interessenausgleichsstrategie erweist sich auf Dauer als am effektivsten und kostengünstigsten. In der Realität dominieren jedoch immer noch die Macht- und die Rechtsstrategien.

### Gestörtes/effektives Konfliktlösungssystem

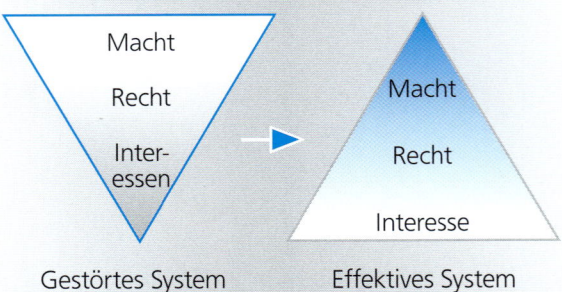

| Gestörtes System | Effektives System |

Haben Sie sich je die Frage gestellt, welche Konfliktlösungstrategien effektiv sind? Wie die materiellen, psychischen oder sozialen Kosten gesenkt werden können? Was die zeitökonomischste, die dauerhafteste Lösung ist? Und (wie) lassen sich diese Faktoren überhaupt messen?

Kriterien für die Messung der Effektivität von Konfliktlösungsstrategien (nach Ury):

- Transaktionskosten (materielle/wirtschaftliche Verluste, Beziehungs- und Kontaktverluste, nervliche Belastungen, verlorene Zeit, Anerkennung und Wertschätzung, verpaßte Chancen, Prestigeverluste, usw.)
- die Zufriedenheit der Konfliktparteien mit den Ergebnissen
- die Auswirkungen auf die zukünftigen Beziehungen der Konfliktparteien,
- die Beilegung oder Neuauflage (im schlimmsten Falle: die Re-Eskalation) des Konflikts.

Im Trainingsbuch „Neues wagen" (S. 68ff) haben wir Ihnen eine Reihe von Bewertungs- und Abschätzungstechniken vorgestellt. Diese Verfahren können Ihnen auch bei der Effektivitätsmessung von Konfliktlösungen helfen, sie nehmen Ihnen aber nicht die Entscheidung darüber ab, wie Sie die vier Faktoren gewichten und bewerten wollen und was Ihnen eine Konfliktlösung in einer bestimmten Situation letztlich „wert" ist. Auch unter dem Blickwinkel der Vermeidung unnötiger Kosten empfehlen wir Ihnen die Interessenausgleichsstrategie. Aber: Niemand kann Sie daran hindern, sich für eine auf den ersten Blick „billige" Rechts- oder Machtstrategie zu entscheiden, die aber in mittlerer oder längerer Sicht völlig unkalkulierbare und möglicherweise wesentlich höhere Kosten verursacht.

**Leitlinien zum Konfliktmanagement**

Prozeßorientierung

Interessenorientierung

Leitlinien zur Konfliktlösung

Ziel- und Lösungsorientierung

Effizenzorientierung

Ressourcenorientierung

## Interessenorientierung

- Betrachten Sie die Interessen (nicht die Positionen) der Konfliktparteien.

- Geben Sie den Konfliktparteien die Möglichkeit, ihre Gefühle auszudrücken.

- Verdeutlichen Sie den Nutzen von Verfahren, die eine Konfliktlösung auf der Basis des Ausgleichs von Interessen (und nicht nur auf der Basis von Macht oder Recht) anstreben.

## Ziel- und Lösungsorientierung

- Berücksichtigen Sie die Lösungserfahrungen der Beteiligten.

- Helfen Sie dabei, nicht nur zurück, sondern nach vorne zu schauen.

- Richten Sie den Fokus auf Lösungen, nicht auf Probleme.

- Erarbeiten Sie gemeinsam Zielvorstellungen und- perspektiven.

- Formulieren sie Ziele konkret, überprüfbar und positiv (z. B. nach s.m.a.r.t.-Kriterien).

## Ressourcenorientierung

- Haben Sie die vorhandenen/noch zu ergänzenden Ressourcen im Auge.

- Helfen Sie die eigenen Gestaltungsmöglichkeiten der Streitparteien herauszu-arbeiten.

- Helfen Sie deren Eigenverantwortung für die Konfliktlösung zu stärken.

## Effizienzorientierung

- Entwickeln Sie Verfahren und Regelwerke zur Institutionalisierung eines am Interessenausgleich orientierten Konfliktlösungssystems

- Gestalten Sie ein günstiges Klima, das eine konstruktive Konfliktbewältigung fördert

- Entwickeln Sie eine partizipative Führungskultur und leben Sie partizipatives Führungsverhalten vor

- Bauen Sie Formen und Verfahren der Mitarbeiterbeteiligung aus

- Machen Sie Organisationsziele transparent und kommunizieren Sie sie.

## Prozessorientierung

- Organisieren Sie Konfliktlösungen als gemeinsamen Lernprozeß mit den Konfliktbeteiligten.

- Thematisieren Sie Erfahrungen in diesem Lernprozeß und werten Sie sie aus.

- Leben Sie Fehlerfreundlichkeit, Geduld, Toleranz und langen Atem vor.

Um einem möglichen Mißverständnis vorzubeugen: Ein Interessenausgleich ist zwar im allgemeinen mit geringeren Kosten verbunden als ein Rechtsstreit und dieser wiederum kostengünstiger als eine auf Machtdurchsetzung beruhende Strategie. Aber es wäre naiv anzunehmen, alle Konflikte ließen sich durch einen konsensfähigen Interessenausgleich beheben. Eine allein am Interessenausgleich orientierte Lösungsstrategie kann also im Einzelfall ungenügend sein. So erfordert z. B. bei verhärteten Konflikten gerade eine auf Interessenausgleich zielende Verhandlungsstrategie die vorausgehende, gründliche Klärung von Rechts- und Machtpositionen. Zum anderen können tiefgreifende Auffassungsunterschiede in Grundsatzfragen einen Interessenausgleich erschweren oder unmöglich machen.

Die unaufhebbare Differenz führt dann auf der praktischen Ebene etwa zum Verhandlungsabbruch. Auf der prinzipiellen Ebene kann mitunter die Einsicht entlastend wirken, daß der Konflikt zwischen Grundsatz-positionen, Weltanschauungen und Ideologien den gesellschaftlichen Wandel auch vorantreibt.

## Und was bleibt zum Schluß....?

Sie haben sich durch dieses Buch durchgearbeitet und möglicherweise auch ein Seminar „Gesprächs- und Verhandlungsführung" oder „Umgang mit Konflikten" besucht. Sie haben sich mit den Grundlagen der Kommunikation befaßt, partner- und zielorientierte Gesprächsführung, Verhandeln nach Harvard und Konfliktbearbeitungsstrategien kennengelernt. Glauben Sie, daß Sie jetzt dazu in der Lage sind, Ihre Umwelt, Ihre Vereinsfreunde und Kolleginnen mit einem völlig anderen und ungewohnten Verhalten zu überraschen?

Nein? Dann gratuliere ich Ihnen zu Ihrem gesunden Realismus. Sie haben sich aber vorgenommen, bei der nächsten Schuldzuweisungsdebatte im Vereinsvorstand erst einmal tief durchzuatmen und dann die Technik der Verhaltensbeschreibung statt der -bewertung anzuwenden? Und Sie wollen beim nächsten Gespräch mit Ihrem Sachbearbeiter erst einmal „Pacing" ausprobieren? Oder in die Verhandlung mit der Gemeindeverwaltung über die Kosten für die Nutzung des Bürgerhauses mit dem Willen zu einer Win-Win-Lösung hineingehen? Mit dieser Einstellung haben Sie gute Voraussetzungen, eines Tages als ein exzellenter Gesprächspartner, als eine gute Verhandlungsführerin oder ein kompetenter Konfliktentschärfer zu gelten - und sich der Wertschätzung Ihrer Umwelt zu erfreuen. Wenden Sie die Regeln und Tips dieses Buches immer wieder neu an, sammeln Sie praktische Erfahrungen damit in allen Ihren Aktivitätsfeldern, lassen Sie sich durch Rückschläge oder Rückfälle in gewohntes Verhalten nicht entmutigen. Freuen Sie sich auch über kleine Rückmeldungen und Bestätigungen dafür, daß Sie auf dem richtigen Weg sind. Ich wünsche Ihnen viel Erfolg dabei!

Dr. S. Rosner

**Literaturauswahl**

Beck, R. u. Schwarz, G.: Konfliktmanagement, Alling:1995

Besemer, Ch.: Mediation. Vermittlung in Konflikten, Heidelberg/Freiburg, 3. Aufl. 1995

Bischof, K.: Jeder gewinnt - Die Methoden erfolgreicher Gesprächs- führung, Planegg 1994

Doppler, K. u. Lauterburg, Ch.: Change Management, Frankfurt 1994

Fisher, R. u.a.: Das Harvard-Konzept. Sachgerecht verhandeln- erfolgreich verhandeln, Frankfurt/Main 1993

Fisher, R. u. Ertel, D.: Arbeitsbuch Verhandeln. So bereiten Sie sich schrittweise vor, Frankfurt/Main 1997

Glasl, F.: Konfliktmanagement. Ein Handbuch für Führungskräfte und Berater, Bern/Stuttgart 2. Aufl. 1990

Langmaack, B.: Themenzentrierte Interaktion. Einführende Texte rund ums Dreieck, Weinheim 1994

O'Connor, J. und Seymour, J.: Neurolinguistisches Programmieren, Freiburg 1994

Ötsch, W. u. Stahl, T.: Das Wörterbuch des NLP, Paderborn 1997

Redlich, A.: Konflikt-Moderation. Handlungsstrategien für alle, die mit Gruppen arbeiten Hamburg 1997

Rosner, S.: Gesellschaft im Übergang? Frankfurt/Main 1990

Rüttinger, R.: Transaktionsanalyse, Heidelberg 4. Aufl., 1989

Schulz von Thun, F.: Miteinander reden 1. Störungen und Klärungen, Hamburg 1993

Ury, W.: Schwierige Verhandlungen, Frankfurt 1995

Watzlawick, P. u. Weakland, J. H. (Hrsg.): Interaktion. Forschungen des Mental Research Institute 1965-1974, München/Zürich 1980

## Der Autor

### Siegfried Rosner

geboren 1958, ist Managementberater und Trainer. Er studierte Soziologie, Philosophie, Wissenschaftstheorie, Betriebswirtschaft und Sozialpädagogik und promovierte zum Strukturwandel der deutschen Arbeitsgesellschaft. Nach mehrjähriger Tätigkeit in Forschung und Lehre und beruflicher Praxis bei einem internationalen Industriekonzern arbeitet er seit 1992 mit Unternehmen verschiedener Branchen und mit Non-Profit-Organisationen an der Gestaltung organisatorischer und persönlicher Veränderungsprozesse.

Ausbildungen in systemischer Organisationsberatung, Prozeßmanagement, fallorientierter Praxisberatung, Coaching und Neuro-Linguistischer-Programmierung (DVNLP-Lehrtrainer)

Schwerpunkte: Team und Konflikt-Management, Führung, Verhandlung, Kommunikationstraining, train-the-trainer, Veränderungsmanagement, Einzelberatung.

In der Reihe
**„Trainingsbücher"**
des Projekts
Management und Politik
sind bisher erschienen:

**Mit Argumenten überzeugen**
Wege zu größerem Erfolg
in Diskussionen und Verhandlungen
2. Auflage Oktober 1997

**Neues Wagen**
Wege zu mehr Kreativität und Innovation
2. Auflage Mai 1998

**Teams und Typen**
Wege zu besserer Zusammenarbeit in Gruppen
2. Auflage Mai 1998

**Projektmanagement**
Verfahren und Instrumente für erfolgreiche Projektarbeit
in Vereinen und Verbänden
2. Auflage Dezember 1998

**Vom Chaos zum Ergebnis**
Wege zu gelungenen Besprechungen und Sitzungen
2. Auflage Dezember 1999

**Vom Zeitbesitzer zum Zeitnutzer**
Wege zum befriedigenden Umgang
mit dem Faktor Zeit
2. Auflage Dezember 1998

**Erfolgsfaktor Öffentlichkeitsarbeit**
Ein Leitfaden für die PR-Arbeit von Vereinen und Verbänden
2. Auflage Dezember 1999

In Arbeit:

**Interviews geben**